SCIENCE TRAVEL GUIDE
科学导游指南

丛书主编　陈安泽

王智勇　陈晓勤　王青明
马贵霞　陈　锐　赵勤学　编　著

赤水

上海科学普及出版社

图书在版本编目（CIP）数据

赤水科学导游指南/王智勇等编著.——上海：上海科学普及出版社，2012

（中国国家地质公园丛书）
ISBN 978-7-5427-5563-6

Ⅰ.①赤…Ⅱ.①陈…Ⅲ.①旅游指南—赤水市
Ⅳ.①K928.973.3

中国版本图书馆CIP数据核字（2012）第254480号

责任编辑：胡　伟
封面设计：李　军

中国国家地质公园丛书
赤水科学导游指南

王智勇　陈晓勤　王青明　马贵霞　陈　锐　赵勤学　编著
上海科学普及出版社出版发行
（上海中山北路832号　邮政编码200070）

各地新华书店经销　上海豪杰印刷有限公司印刷
开本889×1194　1/32　印张4.625
2013年8月第一版　2013年8月第一次印刷
ISBN 978-7-5427-5563-6　　定价：24.00元

丛书主编

陈安泽
著名旅游地学专家、中国地质科学院研究员

本书编辑委员会

名誉主任//郭　强
名誉副主任//田　稼　　王　珏

主　任//张集智
副主任//熊怀容　况顺航　汪洪林
委　员//黄　强　吕　平　刘晓庆　王红梅
　　　　蔡春江　杜西德　何汝华　林继禄　蔡良忠
主　编//林继禄
副主编//潘文清
编　著//王智勇　陈晓勤　王青明　马贵霞　陈　锐　赵勤学
摄　影//付树湘　王昌乾　洪开第　刘晓武等
制　图//牛平山
照片提供//赤水丹霞国家地质公园管理局
　　　　　赤水市国土资源局

主编的话

地质公园（Geopark）是21世纪涌现出来的一项新生事物，是地质工作开拓服务领域的一项创举，是旅游业的一个新品牌。顾名思义，地质公园是以地质遗迹为主要观赏、游览对象的公园。地质遗迹听起来似乎有些陌生，其实自然界的山山水水、古生物化石等都属于地质作用形成的地质遗迹，那些以真山真水构成的自然公园，都属于地质公园的范畴，只不过在本世纪之前没有正式命名罢了。值得特别提出的是，建立地质公园的思想是中国旅游地学家率先提出的，地学家在20世纪70年代末期为中国蓬勃兴起的旅游业服务中受到启发，为了保护地质遗迹和为旅游业提供具有地学知识含量的旅游场所，于1985年先后向国务院和原地质矿产部提出建立"地质公园"、"国家地质公园"的建议，因当时时机尚不成熟而未能正式实现。上世纪末，联合国教科文组织提出了建立"世界地质公园网络（Unesco Network of Geoparks）"的倡议，中国旅游地学家抓住这个机遇，于1999年向国土资源部提出建立地质公园的建议，国土资源部接受了建议，决定开展中国国家地质公园计划。于2000年末，云南石林等中国首批国家地质公园诞生，也是世界上第一次出现"国家地质公园"。到2011年止，中国已建成140处国家地质公园，另有60处获得了建设国家地质公园资格，正在积极建设中。在中国及欧洲的推动下，2004年世界地质公园正式面世，现今中国已有26处地质公园成为联合国教科文组织"世界地质公园网络"成员，并有大批省级地质公园已经建立。在短短的11年中，一个管理级别有序、地质景观类型多样、地理分布面广的中国地质公园体系已初步建立，地质公园已成为最受欢迎的旅游对象之一，并展现了光明的发展前景。

地质公园担负着三项主要任务：第一，保护自然环境，保护地质遗迹；第二，开展普及地球科学知识，促进全民族科学素质的提高；第三，开展旅游活动，促进地方经济社会可持续发展。地质公园中不但含有各种具有特殊科学价值和美学价值的地质地貌景观，同时往往含有重要价值的人文景观和丰富多彩的生物、气象景观。游人在地质公园中，不但可以欣赏到山水美景，享受到优良的生态环境，还可以在游览中顺便获得许多地学、生物学和历史文化知识，增加游兴，获得高层次的精神享受。

但是，由于山水形成的道理较为深奥，许多游人在游山玩水中想获得这些知识却缺乏途径。为了把地质公园内涵丰富的科学价值、美学价值和历史人文等信息更好地传递给公众，使游人在欣赏山川美景、享受自然风光的同时，能够获取科学知识、感悟历史文化熏染，我们在各级国土资源部门和各地质公园的支持下，组织了国内著名的旅游地学专家，编纂了这套"中国国家地质公园丛书"。截至2011年已出版了庐山、五大连池、黄山、张家界等9本，受到了读者的热烈欢迎，也极大地鼓舞了编写人员的创作热情。自2012年起，对丛书进行改版，将国家地质公园按批准顺序编号，加快出版各地质公园单行本，并按惯例将各省按序编卷，出版各省、市国家地质公园丛书分卷本。丛书以国家地质公园为单位，从科学导游的角度，深入浅出、图文并茂地阐述各地质公园中各类地质地貌景观的形成演变、发展过程，同时还系统地介绍公园其他自然和人文景观，使科学和人文融为一体。书中还把各种景物按园区和旅游线路组织起来，方便读者阅读使用。另外，书中也介绍了公园周边风景名胜及去地质公园时如何安排吃、住、行、游、购、娱等实用信息，对自助旅游可以起到较好的指导作用。本丛书还是了解中国自然山水、人文历史的知识宝库，具有较高的收藏价值。

本丛书是一部巨著，并将随着地质公园的发展日益增多。笔者年事已高，完成这部巨著已力不从心，企盼尽早有人接替。衷心感谢王艳君同志、各位作者、上海科学普及出版社等在编辑出版过程中的尽力协助。

陈安泽
2012年5月

目录
CONTENTS

纵览赤水　　　　　1

2 — 川黔锁钥，黔北边城
7 — 生态家园，基因宝库
18 — 赤水丹霞，世界遗产
26 — 天然园林，旅游胜地

地质历史　　　　　29

30 — 区域地质背景
40 — 地质发展演化史
43 — 科学研究

人文历史　　　　　45

46 — 赤水历史沿革
50 — 四渡赤水，红色经典
57 — 民族风情，多彩赤水

游览赤水　　　　　　61

64 — 大同—丙安园区

87 — 两河口—元厚园区

94 — 国家级风景名胜区

思索赤水　　　　　　105

106 — 地质遗迹形成演化

113 — 独特的赤水丹霞地貌

121 — 赤水的未来

旅游资讯　　　　　　125

126 — 行　　127 — 住

129 — 吃　　132 — 游

135 — 购　　139 — 娱

中国国家地质公园丛书编制出版编目

纵览赤水

川黔锁钥，黔北边城
生态家园，基因宝库
赤水丹霞，世界遗产
天然园林，旅游胜地

川黔锁钥，黔北边城

　　一个传说中，黄帝前往昆仑山途经赤水河，不小心把一颗珍贵的宝珠掉在河中的地方；一个记载着白垩纪那远古岁月恐龙眼泪的地方；一个有着"四渡赤水"战争奇迹却从未受战火掠夺的城市；一块验证"北纬28°"神秘之说的"南亚飞地"……贵州赤水，这颗璀璨的珍宝向世界放射着它的光芒。

▲ 赤水在中国的位置图
▶ 川黔锁钥，黔北边城——赤水在贵州的区位
▶ 赤水市花——金钗石斛

赤水市位于东经105°36′35″、北纬28°17′02″，地处黔北边陲的赤水中下游河畔，西北与四川省古蔺、叙永、合江三县交界，东南与习水县接壤，历来为川黔边界贸易纽带、经济文化重镇，是黔北通往巴蜀的重要门户，素有"川黔锁钥"、"黔北边城"、"黔北明珠"之美誉。

赤水市因美丽而神秘的赤水河贯穿全境而得名，更因1935年中国工农红军"四渡赤水"出奇制胜而名扬中外。全市幅员面积1801平方千米，辖市

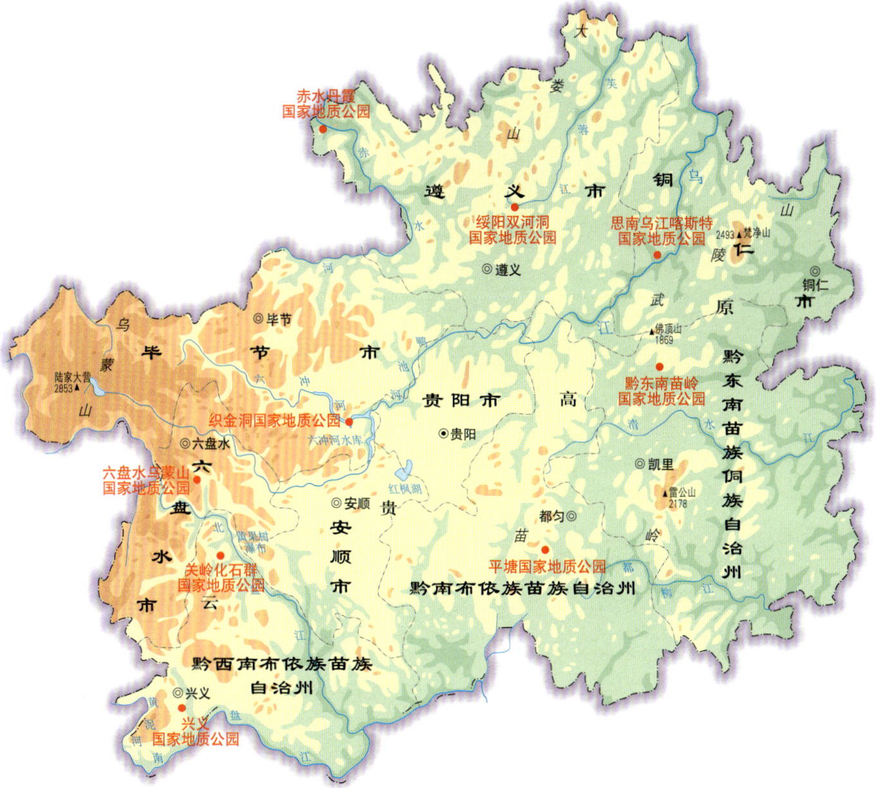

中、文华、金华3个街道，天台镇、复兴镇、大同镇、旺隆镇、葫市镇、元厚镇、官渡镇、长期镇、长沙镇9镇，丙安乡、两河口乡、宝源乡、石堡乡、白云乡5乡，100个行政村，22个社区，总人口约30万人，居住有汉、苗、土家、仡佬、布依等26个民族。赤水市花金钗石斛端庄艳丽，市树桫椤是现存唯一的木本蕨类植物，极其珍贵，堪称国宝，被列为一级保护的濒危植物。

赤水历史悠久，文化积淀丰厚。据考古发现，早在新石器时期就有人类在此繁衍生息。北宋大观三年（1109年）建置，初名仁怀县，治所在今赤水市复兴镇，明万历二十九年（1601年）迁至留元坝（今赤水市区），曾长期隶属巴蜀，清雍正六年（1728年）随遵义

划归贵州,民国三年(1914年)改设赤水县,1990年10月经国务院批准撤县建市。东汉古岩墓群、明代古城墙等文物佐证了赤水历史的源远流长。一代伟人毛泽东率领中国工农红军四渡赤水出奇兵,谱写了中外军事史上的光辉篇章。

赤水河贯穿赤水市全境,是黔北乃至贵州省连接长江的重要水路通道。

赤水河全长523千米,发源于云南省镇雄县,上游称鱼洞,向东流至四川、云南、贵州三省交界处的梯子岩,水量增大,称毕数河,经贵州省赤水市至四川省合江县入长江。赤水河秦汉时称"鳛水",因其流域为南夷君长之一的鳛部治邑,故名。后汉迄至两晋,称"大涉水"、"安乐水"。唐天宝十年(715年)鲜于仲通征南诏,在为南征造势的檄文中第一次出现"赤虺河"的名称。"赤"者,"流卷泥沙,每遭雨涨,水色浑赤,河以之名也","虺"释义为毒蛇。赤水河有美酒河之称誉,酝酿了茅台、潭酒、习酒、郎酒、董酒、怀酒、泸州老窖等数十种蜚声中外的美酒佳酿。

赤水区位优势较为突出,水陆空交通便利。赤水河是贵州通往四川、重庆、上海的重要门户,也是贵州最大的

通江港口，年货运吞吐量350万吨以上，赤水是贵州第一大港。公路连接黔川渝，距遵义300千米，距贵阳450千米，距重庆240千米，距成都340千米，距泸州78千米，距合江60千米，赤水至隆昌接成渝高速公路140千米，隆（昌）泸（州）铁路及高速公路已经建成投入使用。泸州蓝田机场开通了至北京、上海、广州、深圳、昆明、贵阳、成都等大中城市的航线，是黔川渝毗邻地区的物资集散地和贵州实施北上战略的一个重要窗口。

贵州素不产盐，自古以来民众食盐均靠从周边产盐省份输入，主要行销川盐、淮盐、粤盐、滇盐。川盐产地距贵州最近，又有通过长江连结永宁河、赤水河、綦江、乌江等水道的交通运输之利，而成为在贵州销区最广、销量最大的食盐。赤水河为川盐入黔四大口岸之一。明田雯《盐价说》记道：贵州食盐"仰给于蜀，蜀微，则黔不知味矣"。因受交通制约，运入量小，盐价甚高，其价以谷计，"谷日贱而盐肯平，十钟不易一豆"，人们食盐甚艰，"当甚匮也，代之以狗椒"，"即遇其饶，也止沾唇而量腹"。直到清乾隆年间赤水河经过整治以后，川盐通过这里源源不断输入黔省内地，贵州各地盐荒问题逐渐得以缓解，同时，由于川盐通过赤水河中下游地区，推动和促进了这一地区经济、政治和文化

◀ 黄金水道——赤水河
◀ 贵州省第一大港
▲ 赤水老街
▼ 赤水河畔的明珠

的快速发展，使之很快成为贵州古代经济文化较为发达地区之一。

市中街道古称留元坝，为赤水市老城区域，位于市境西北部、赤水河畔，与四川省合江县九支镇隔河相望，与金华、文华两街道紧密相连。自古即为川黔交通咽喉，地处河谷丘陵地带。明万历二十九年（1601年）起，先后为仁怀县、厅和赤水厅、县治所，是全市政治、经济、文化、商贸中心。

赤水是全国唯一以行政区命名的国家级重点风景名胜区。赤水丹霞成功列入世界自然遗产名录，境内有"赤水大瀑布4A级景区"、"燕子岩4A级景区"、"桫椤国家级自然保护区"、"竹海国家级森林公园"、"四洞沟风景区"等10余个景区。赤水原始、自然、神秘、绚丽多姿的景观，被中外专家称誉为"丹霞之冠、千瀑之市、竹子之乡、桫椤王国、长征遗址"。赤水还是"中国侏罗纪公园"、"中国优秀旅游城市"、"国际最佳休闲旅游城市"、"中国竹子之乡"、"国家级生态示范区"、"全国农村中医医药先进县（市）"、"全国林业生态建设先进县(市)"、"全国园林绿化先进城市"、"全国村镇精神文明建设先进县(市)"、"全国水土保持示范县（市）"、"全国科普示范县（市）"、"全国计划生育优质服务先进县（市）"等，被有关媒体、协会评选和命名为中国最美丽的地方、中国最佳绿色生态旅游景区、中国摄影家协会全国摄影创作基地、中国作家协会赤水文学创作基地等'。

生态家园，基因宝库

赤水境内地形切割强烈，海拔落差大，形成复杂多样的地理单元。加之温暖多雨的湿润季风气候因素，非常适宜各种植物生长。全市森林覆盖率达76.29%，景区森林覆盖率高达95%，景区空气中负氧离子含量高，成为植被茂盛的生态家园和物种丰富的基因宝库，有"竹子之乡"和"桫椤王国"的美誉。

赤水地处大娄山北麓贵州高原与四川盆地的过渡地带，娄山山脉尾部沿东南向西北以三条山脊伸入市境。赤水境内地形地貌复杂，主要为高原峡谷型和山原峡谷型。赤水河、习水河均从东南向西北贯穿境内，大同河、风溪河等大小溪河纵横交错，地貌被侵蚀切割成峡谷山地、坪状低山和丘陵，使背斜层和向斜层发生地形倒置，形成向斜成山、背斜成谷的逆构造地形。按褶皱起伏程度，从东南向西北依次递降为中山、低山、丘陵，海拔多在

◀ 古趣盎然
▼ 宝源梯田壮观秀美

平缓，丘陵起伏，多为浑圆山丘或河流阶地。境内地层出露有中生代的侏罗纪、白垩纪和新生代的第四纪地层，分属3统6组，是贵州省内侏罗纪、白垩纪地层发育最好、出露最齐的地区。赤水土壤类型多，分布比较零散，有"数步不同土"之说，以紫色土壤为主。

境内山脉主要为娄山山脉支系，由东南向西北分支延伸，山形展布与构造形迹走向基本一致。山梁多南北向，山大坡陡，切割深度在500～1000米之间，以平顶山或单面山形为主，断岩嶂谷，河流落差大，瀑布多，山峰多在海拔千余米。东南部、东北部的七里坝、红中坪、马鞍山等山梁沿边境延伸至合江县境，山岭多呈东北、西南向和南北向，有令牌山、五花山、羊圈岩、大木嵌、石鹅嘴、双窑子、雷谷岩、大坪山、玉昆山、屈家梁子、太公山、雨尖山、童家岩等主要山岭。中部二郎坝等山梁向西北蜿蜒至合江县车网乡境，有漏风垭、九石官、牛石、红岩窝、大白

230～1200米之间，最高为金沙乡葫芦坪1730.1米，最低为习水河出境口磨刀溪221米，相对高差1509.1米。市境南部山大坡陡，河流切割强烈，深度在500～1000米之间，以平顶山、单面山为主，形成"V"形峡谷，河流落差大。东南部山峦重叠，峡谷幽深。中部有二郎坝、七里坝山梁。西北河谷开阔

岩、九条岭、磨尧山、天台山等主要山岭。南部、西南部为东西向的碓窝坪、箐头梁子、横担山、马鹿、帽盒山等山脉，随西门、高木顶、宝源、血柏坪等几个短轴背斜呈东西或南北向展布，头道洞、鹅顶岭、大坳、马鹿坝、后河、九角洞等山顶从西向东几乎平行地依次形成南北向，主要山峰有老耳岩、猴子岭、帽盒山、阳华顶、仁布岩、官山、笔架山、望乡台、虎头山、尧山、雪花山等。

境内主干河流为赤水河，属长江水系。主要支流有习水河、大同河、枫溪河等，习水河在四川省合江县城附近汇入赤水河，赤水河与习水河之间为一连绵高大分水岭山脊分隔，因此，区内又表现为赤水河和习水河两大相对独立的河流体系。赤水河两侧树枝状支流发育，境内主干支流14条，总长230千米，流域面积1195.25平方千米。习水河在境内的主干支流7条，总长96千米，流域面积576.3平方千米。境内水资源总量100亿立方米。各支流上游地区地势切割深，峡谷、陡崖与险滩急流多，形成较多的跌坎和瀑布，如有名的赤水大瀑布、四洞沟瀑布群等。支流枫溪河、大同河源短，落差大，是优越的小水电开发资源。

赤水属中亚热带温暖湿润气候区，具有明显的大陆性季风气候特征。冬暖春早，夏季炎热多伏旱，秋季温凉，四季分明，水热同季，无霜期长，日照偏少，初夏、晚秋多阴雨，降温剧烈。立体气候和地区差异特征显著，局部地区之间小气候差异较大。近年冬暖春早，受大气环流影响变化明显。同时，具有川南高温湿润和贵州高原乍暖乍寒以及地区差异和垂直差异显著的气候特点。赤水最热月为7月，平均气温28℃，与最冷月1月的平均比较，年相差为20.1℃，具有夏季炎热，冬季冷凉而不寒冷的特点。根据赤水市气象站实测资料，年平均气温为18.1℃。最高年平均气温为22.1℃，极端最高气温达43℃，最低年平均气温15.1℃，极端最低气温在零下1.9℃。最高年平均和最低年均相差7℃。区

▲ 娄山山脉是乌江和赤水河的分水岭
▲ 旭日东升天台山
▲ 赤水河宽阔河段
▼ 赤水年平均气温图
▼ 赤水年降水量图

单位：摄氏度（℃）

单位：毫米（mm）

内年平均气温大体为西北高，东南低，从西北向东南递降。

赤水市降水量比较丰富，但年际变化较大。多年平均降雨量为1286.8毫米，主要集中在5～9月，占全年的68%。赤水市降水量分布是由北向南和由西向东南逐渐减少，年降水量在1000毫米以下的少雨地区有旺隆镇、葫市镇和元厚镇。其中元厚镇多年平均降水量759.1毫米，为全市少雨中心，1200毫米以上的多雨地区是赤水河下游的大同镇、复兴镇、天台镇和城区。

赤水市被誉为贵州的"生态边城"。赤水森林植被地带类型属贵州高原偏湿性常绿阔叶林地带的赤水河谷中山樟栎林、松杉林、毛竹林小区；植被类型分属中亚热带常绿针叶林、针阔叶混交林、阔

▼ 万顷竹海
▶ 植被茂密

CHISHUI 赤水

叶林和竹林四个群系纲。现有森林面积214万亩，全市森林覆盖率76.29%，风景区内高达95%以上，其中有我国罕见的中亚热带常绿阔叶原生林43万亩。赤水城区绿化覆盖率为38%，人均绿化面积达27.6平方米，人均占有林竹资源达7.40亩。赤水市是贵州省10个重点林业县之一，全市空气每立方厘米含负氧离子近2.4万个，常年大气污染指数控制在33～80之间，水质达标率保持100%，空气环境质量优良率达100%，水、气、声环境质量均优于城市环境综合整治指标。2001年以来，中国环境监测总站研究评价表明赤水生态环境质量指数EQI一直大于75，始终处于优类级，被中国环境监测总站综合评价为贵

赤水丹霞国家地质公园 I、II 级保护植物名录

科名	属名	种名	保护级别
蚌壳蕨科 Dicksoniaceae	金毛狗属 Cibotium	金毛狗 Cibotium barometz(L.)J.Sm.	II 级
桫椤科 Cyatheaceae	桫椤属 Alsophila	桫椤 Alsophila spinulosa(Hook.)Tryon	II 级
	桫椤属 Alsophila	小黑桫椤 Gymnosphhaera mettenia (Hance) Tagawae	II 级
银杏科 Ginkgoceae	银杏属 Ginkgo Linn	银杏 Ginkgo biloba Linn	I 级
柏科 Cupressaceae	福建柏属 Fokienia Henry et Thomas	福建柏 Fokienia hodginaii(Dunn)Hensy et Thomds	II 级
红豆杉科 Taxa ceae	红豆杉属 Taxus Linn	南方红豆杉 Taxus mairei(Lemee et Levl.)S.Y.Hu	I 级
蝶形花科 Fabaceae	红豆属 Ormosia G.Jacks	花榈木 Ormosia henryi Prain	II 级
	红豆属 Ormosia G.Jacks	红豆树 Ormosia hosiei Hemsl.et Wils.	II 级
木兰科 Magnoliaceae	鹅掌楸属 Liriodendron Linn	鹅掌楸 Liriodendron chinense(Hemsl.)Sarg.	II 级
	木兰属 Magnolia Linn	厚朴 Magnolia officinalis Rehd.et Wils.	II 级
	木莲属 Magnotia Blume	红花木莲 Magnotia insignis(WALL.)Bl.	II 级
	含笑属 Michelia L	峨眉含笑 Micheliawilsonii Finet et Gagnep.	II 级
樟科 Lauraceae	樟树 Cinnamomum Nees	香樟 Cinnamomum camphora(L.)Presl.	II 级
	楠木属 Phoebe Nees	闽楠 Phoebe bournei(Hemsl)Yang	II 级
	楠木属 Phoebe Nees	楠木 Phoebe zhennan S.Lee et F.N.Wei	II 级
紫树科 Nyssaceae	喜树属 Camptotheca Decne	喜树 Camptotheca acuminate Decne	II 级
金缕梅科 Hamamelida ceae	半枫荷属 Semiliquidamb ar Chang	半枫荷 Semiliquidamb cathayensis Chang	I 级
芸香科 Rutaceae	黄柏(檗)属 Phellodendron Rupr.	黄檗 Phellodendron amurens Rupr.	II 级
伯乐树科 Bretschneideraceae	伯乐树属 Bretshneidera L.	钟萼木(伯乐树) Bretschneidera sinensis Hemsl.	I 级
茜草科 Rubiaceae	香果树属 Emmenopterys Oliv.	香果树 Emmenopterys henryi Oliv.	II 级

州省生态环境质量唯一处于优良级的县（市）。

　　赤水属古北区中国亚热带森林生物地理省，代表性植被为中亚热带温润性阔叶林。赤水地区展示了重要的和正在进行的生物和生态演化过程，植被自然演替达到了顶级阶段，在亚热带独特高原—峡谷型丹霞地貌的生境条件下发育有壳斗科（Fagaceae）、樟科（Lauraceae）、山茶科（Theaceae）、木兰科（Magnoliaceae）等为树种的常绿阔叶林，是我国亚热带森林植被保存较完好、植物种类较为复杂的地区之一，是中亚热带丹霞生

◀ 桫椤

▲ 雾里竹林
▲ 生长茂密的蕨类植物

态系统发育演化的典型代表。

赤水森林植被保存十分完好，保留了大面积的原生性较强的中亚热带常绿阔叶林、针阔混交林以及大面积的竹林。种子植物地理成分以热带（亚热带）成分占优势（占53.13%），植物区系具有热带亲缘和亚热带特色。植被类型多样，包括11个植被型、91个群系、117个群丛。仅在桫椤—竹海景区内就有维管束植物177科，527属，970种。在丰富多样的物种中，有不少是中国珍稀植物以及赤水特有植物。其中以山茶科物种特别丰富，包括有小黄花茶、冬青叶山茶、芳香短柱茶、狭叶瘤果茶、贵州石笔木、长瓣短柱茶、美丽红山茶等，此外还包括赤水蕈树、赤水黄芩、赤水石杉、赤水箬竹、爬竹、赤水玉山竹、河口鳞毛蕨、边果耳蕨等，反映出赤水地区相对独立的山体环境为物种独立发展提供了条件。

赤水拥有较高的物种多样性，包括众多珍稀、濒危和特有种。已知有维管束植物1964种，其中列入世界自然保护联盟（IUCN）红色名录的有20

赤水丹霞国家地质公园I、II级保护动物名录

科名	属名	种名	保护级别
猴科 Cercopithecidae	猕猴属 Macaca	猕猴 Macaca mulatta Zimmermann	II级
	猕猴属 Macaca	藏酋猴 Macaca thibetana Miline-Edwards	II级
穿山甲科 Manidae	穿山甲属 Anis	穿山甲 Manis pentadactyla Linnaeus	II级
犬科 Canidae	犬属 Canis	狼 Canis lupus Linnaeus	II级
	豺属 Cuon	豺 Cuon alpinus lepturns Pallas	II级
熊科 Ursidae	黑熊属 Selenarctos	黑熊 Selenarctos thibetanus G. Cuvier	II级
鼬科 Mustelidae	水獭属 Lutra	水獭 Lutra lutra Linnaeus	II级
灵猫科 Viverridae	大灵猫属 Vivrra	大灵猫 Vivrra zibetha Linnaeus	II级
	小灵猫属 Viverricula	小灵猫 Viverricula indica Desmarest	II级
	灵狸属 Prionodon	斑灵狸 Prionodon pardicolor Hodgson	II级
猫科 Felidae	猫属 Felis	丛林猫 Felis chaus Guldenstaedt	II级
	金猫属 Profelis	金猫 Profelis temmincki Vigors Horsfield	II级
	云豹属 Neofelis	云豹 Neofelis nebulosa Griffith	I级
	豹属 Panthera	豹 Panthera Pardus Linnaeus	I级
鹿科 Cervidae	麝属 Moschus	林麝 Moschus berezovskii Flerov	II级
牛科 Bovidae	鬣羚属 Capricornis	鬣羚 Capricornis sumatraensis Bechstein	II级
	斑羚属 Naemorhedus	斑羚 Naemorhedus goral Hardwicke	II级
鸭科 Anatidae	鸳鸯属 Aix	鸳鸯 Aix galericulata (Linnaeus)	II级
鹰科 Accipitridae	雕属 Aqulia	金雕 Aqulia heliace	I级
	鸢属 Milvus	[黑]鸢 Milvus korschum lineatus	II级
	鵟属 Buteo	普通鵟 Buteo buteo burmanicus	II级
	鹞属 Circus	白尾鹞 Circus cyaneus cyaneus	II级
隼科 Falconidea	隼属 Falco	红隼 Falco tinnunculus saturatus	II级
雉科 Phasianidae	鹇属 Tragopan	白鹇 Lophura nycthemera rongjiangensis	II级
	角雉属 Tragopan	红腹角雉 Tragopan temminckii	II级
	长尾雉属 Syrmaticus	白冠长尾雉 Syrmaticus reevesii	II级
	锦鸡属 Chrysolophus	红腹锦鸡 Chrysolophus pictus	II级
鸠鸽科 Columbidae	绿鸠属 Treron	红翅绿鸠 Treron sieboldii	II级
鸱鸮科 Strigidae	角鸮属 Otus	领角鸮 Otus bakkamoena erythrocampe	II级
	鸺鹠属 Glaucidium	斑头鸺鹠 Glaucidium cuculoides whiteleyi	II级
	林鸮属 Strix	灰林鸮 Strix aluco nivicola	II级
鳖科 Trionychidae	鳖属 Trionys	山瑞鳖 Trionys steindachneri Siedenrock	II级
蟒科 Typhlopidae	蟒属 Python	蟒 Python molurus bivittatus Schlegel	I级
隐鳃鲵科 Cryptobranchidae	大鲵属 Megalobatrachus	大鲵 Megalobatrachus davidianus (Blanchard.)	II级
蝾螈科 Salamandridae	疣螈属 Tylototriton	细痣疣螈 Tylototriton asperrimus Unterstein	II级
蛙科 Ranidae	虎纹蛙属 Hoplobatrachus	虎纹蛙 Hoplobatrachus rugulous (Wiegmann)	II级
鲟科 Acipenseridae	鲟属 Acipenser	达氏鲟 Acipenser dabryanus	II级
匙吻鲟科 Polyodontidae	白鲟属 Psephurus	白鲟 Psephurus gladius	I级
胭脂鱼科 Catostomidae	胭脂鱼属 Myxocyprimus	胭脂鱼 Myxocyprinus asiaticus	II级

种,列入珍稀濒危野生动植物国际贸易公约(CITES)的35种,列入中国物种红色名录的有115种。珍稀濒危植物共有22种,如国家一级保护植物伯乐树、南方红豆杉,国家二级保护植物桫椤、小黑桫椤、福建柏、闽楠、金毛狗、松叶蕨、扇蕨、鹅掌楸(马褂木)、峨眉含笑、厚朴等。此外还有赤水特有植物如河口鳞毛蕨、边果耳蕨、赤水石杉、稀羽凤尾蕨、赤水鳞盖蕨、赤水玉山竹、刺箭竹、红壳箭等。这些植物分布范围狭窄,数量稀少,因而十分珍贵。

高山深谷的地形地貌使得赤水的生态环境较少受到人类的干扰,茂盛的森林为广大野生动物提供了绝佳的栖息环境,使这一地区野生动物极为丰富。据统计,赤水地区仅脊椎动物就有249种以上,其中鱼类41种,两栖类约11种,爬行类34种,鸟类123种,兽类40余种。其中不少是我国重点保护的珍稀动物,包括国家一级保护动物云豹,二级保护动物猕猴、藏酋猴、大灵猫、

> **知识链接**
>
> ## 古老孑遗植物——桫椤
>
> 桫椤是现存唯一的木本蕨类植物，极其珍贵，堪称国宝，被列为一级保护的濒危植物，属于较原始的维管束植物蕨类植物门桫椤科。
>
> 茎直立，高1~6米，胸径10~20厘米，上部有残存的叶柄，向下密被交织的不定根。叶螺旋状排列于茎顶端；茎端和拳卷叶以及叶柄的基部密被鳞片和糠秕状鳞毛，鳞片暗棕色，有光泽，狭披针形，先端呈褐棕色刚毛状，两侧具窄而色淡的啮蚀状薄边；叶柄长30~50厘米，通常棕色或上面较淡，连同叶轴和羽轴具刺状突起，背面两侧各具一条不连续的皮孔线，向上延至叶；叶片大，长矩圆形，长1~2米，宽0.4~0.5米，三回羽状深裂；羽片17~20对，互生。
>
> 在距今约1.8亿年前，桫椤曾是地球上最繁盛的植物，与恐龙一样，同属爬行动物时代的两大标志。但经过漫长的地质变迁，地球上的桫椤大多罹难，只有极少数在被称为"避难所"的地方才能追寻到它的踪影。

小灵猫、穿山甲、水獭、苏门羚、黑熊、林麝、白鹇、红腹锦鸡、鸢、红腹角雉、白尾鹞、红隼等17种。众多的生物资源说明赤水是我国亚热带地区一处十分珍贵的物种基因库与珍稀濒危物种的种源库，尤其是地方特有种的存在使得赤水成为全球生物多样性保护中一个重要的基地。

◀ 原始森林
◀ 蝴蝶聚会
▼ 猕猴

赤水丹霞，世界遗产

赤水丹霞是青年早期丹霞地貌的代表，其面积达1200多平方千米，是我国面积最大、发育最美丽壮观的丹霞地貌。赤水丹霞与湖南崀山、广东丹霞山、福建泰宁、江西龙虎山、浙江江郎山等6大著名丹霞地貌景区组合成为"中国丹霞"，在第34届世界遗产大会上成为我国第八个世界自然遗产项目。2012年4月，赤水丹霞被批准为国家级地质公园。2012年10月赤水丹霞国家地质公园正式揭碑开园。

贵州赤水丹霞国家地质公园位于贵州省赤水市，涉及大同镇、丙安乡、两河口乡、元厚镇。划分为大同—丙安园区和两河口—元厚园区。其中，大同—丙安园区区域东西长23.20千米，南北宽8.91千米，地理坐标东经105°37′38″~105°51′50″，北纬28°24′37″~28°29′29″；两河口—元厚园区区域东西长16.17千米，南北宽11.30千米，地理坐标为东经105°46′20″~105°56′14″，北纬28°16′37″~28°22′42″。

▶ 赤水佛光岩丹霞奇观
▼ 赤水大瀑布

公园位于我国西南部,地处我国丹霞连续分布面积最大的贵北——川南丹霞地貌区,能够很好地代表和反映出丹霞地貌高原—峡谷—瀑布—森林的组合。高原的剧烈抬升与流水的强烈下切造成了地形的巨大反差,发育了最为典型的阶梯式河谷与最为壮观的丹霞瀑布群,园内极具代表性的中亚热带森林生态系统和物种的多样性,形成公园"丹山""碧水""飞瀑""林海"有机结合的丹霞景观。公园内的地质遗迹类型包括:丹霞地貌、峡谷地貌、水体地貌(瀑布)、古植物化石遗迹等,因公园内丹霞地貌形态类型多样,成因极具代表性,是高原—峡谷型丹霞地貌的杰出代表。公园以杨家岩丹霞地貌景观区为核心,以桫椤古植物化石遗迹、多级瀑布水体地貌景观为重点,融合了红军四渡赤水、丙安古镇等人文景观特色的综合性大型国家地质公园。

公园共划分五个景区,其中,四洞沟景区,面积14.97平方千米;杨家岩景区,面积23.38平方千米;丙安景区,面积32.51平方千米;狮子岩景区,面积46.22平方千米;桂圆林景区,面积17.49平方千米。赤水市与四川省合江县九支镇隔河相望,省道301从南东入境,经境内元厚、葫市、丙安、复兴过赤水市,从境内中部穿境而过。省道208从境内北东官渡、长沙通过,这两条主干公路贯通了区内主要乡镇。其他乡镇均有县乡公路相通,交通方便。

赤水丹霞是罕见的发育于亚热带巨型红层盆地南缘的高原—峡谷型丹霞地貌的杰出范例。赤水位于云贵高原北部向四川盆地的过渡地带,主要由侏罗纪和白垩纪红色砂岩组成,在第三纪长期剥蚀夷平后和第四纪强烈抬升过程中,因流水的快速切割而形成的,是中生代以来地球演化历史主要阶段的突出例证。尚保留有较大面积连续平坦的

高原面，四周有深切的"V"形峡谷分布，谷底狭窄，谷坡陡峻。晚第三纪以来，赤水经历了强烈的构造抬升和河流下切，形成现今陡峭的地形地貌和1500米的高差。

　　赤水丹霞地貌发育演化的过程是我国西南地区大地构造运动的缩影，极具代表性地反映了我国云南、贵州、四川、重庆地区自晚三叠纪以来的地质演化过程，深刻揭示了贵州高原和四川盆地在新构造运动中的趋异发展对区域地貌演化的重大影响，尤其是黔北台隆和四川台坳的差异运动在赤水高原峡谷型和山原峡谷型丹霞地貌发育演变中的重大意义。赤水丹霞例证了丹霞地貌发育演化与区域造山运动、断块运动和河流下切的关系，是中生代以来地球演化历史的突出例证。喜马拉雅运动是新生代以来最重要的大地构造运动，对当前全球地貌格局的形成产生了极为广泛而深远的影响，是地球演化历史中的重要阶段。中生代以来，赤水及其周边地区经历了复杂而重大的地质地貌演变过程，新构造运动中青藏高原的快速隆起带动了周边地区的掀斜式抬升，贵州高原和四川盆地出现了显著的差异

◀ 圣女瀑布
▼ 官渡镇桐仙溪丹崖绝壁

▲ 蘑菇石
▲ 赤水丹霞岩下人家
▶ 云雾中的丹霞地貌

性升降运动，在亚热带季风气候的长期影响下，形成了许多壮丽的自然景观，赤水丹霞正是这一地球演化历史过程的独特产物。四川盆地是中国最大的红层盆地，也是世界罕见的亚热带巨型红层盆地。在侏罗纪和白垩纪先后沉积了厚达2000~6000米的红层。进入第三纪后，四川盆地总体抬升，巴蜀湖开始消退，大部分地区脱离了湖盆环境，结束了自晚三叠纪以来大范围沉积的历史。在第三纪的构造运动宁静期，赤水和习水地区沉积的巨厚紫红色、砖红色砂岩、泥岩、砾岩地层遭受剥蚀，并形成地形相对平坦的古夷平面。在第四纪的新构造运动中，伴随着青藏高原的强烈隆起和贵州高原的掀斜式抬升，赤水地区的地势也随之升高，海拔达到1000米以上。白垩纪嘉定群厚层紫红色砂岩因刚性大，褶皱构造不发育，地层倾角小，陡倾节理众多，在湿热的亚热带季风气候条件下，该区东部的紫红色厚层砂岩被流水强烈切割，原始夷平面开始迅速解体，大多成为岭脊式的低中山峡谷，西部仍保留有较为宽广连续的高原面。东西两大核心区地貌形态和发育阶段上的差异正是第四纪以来区域掀斜式抬升的有力证据。

由于赤水地区由巨厚的红岩沉积建造、地质地貌发育历史以及有利的亚热带湿润气候条件，使得雄伟壮观的高原峡谷型丹霞地貌在这里发育得十分完好。赤水丹霞与我国其他地区（尤其是东南丘陵地区和西北干旱、半干旱地区）的丹霞地貌在形态上形成了鲜明的对比，深切的峡谷、高大的丹崖赤壁和形态万千的急流飞瀑向世人展示了丹霞地貌的另一种风采，与中国东南和西北地区的丹霞地貌景观形成了良好的互补，强化了我国丹霞在世界红层地貌家族中的重要地位。

赤水丹霞地众多的河流从山顶奔泻而下，发育了典型的丹崖—峡谷地貌，山谷间有数量众多的梯级马蹄形丹崖赤壁和瀑布群。丹崖赤壁发育的高度、宽度和体量之大，具有很强的视觉冲击力。

赤水大瀑布是中国最大的丹霞瀑布景观。赤水丹霞气候湿润，降水充沛，发育了茂密的森林景区，有高达95%以上的森林覆盖率，是珍稀、孑遗植物桫椤等生长的场所，还有很多的珍稀动物。赤水由赤壁、峡谷、瀑布、岩腔和大型崩塌巨石等发育齐全的丹霞景观，是山光水曲共谱的风光胜境，壮观而不失秀美，是中国青年期丹霞的典型代表。

赤水地区的高山、小山谷以及罕见的动植物等在某种程度和风格上，清晰地向人们展示了许多奇异而又显著的自然之美。

赤水是我国西南温润地区不同景观特征、不同发育阶段、水平岩层构成的丹霞的代表区域，由于其多层性和差异性，使得赤水形成了丰富多彩的地貌类型和景观特征，是我国也是世界红层地貌中亚热带常绿阔叶林及生态环境保持最好的区域。

从形式美学的角度，丹霞地貌具有突出的丰富多彩的山石单体形态美，山群疏密相生、组合有序的空间结构美，山块高低参差、错落有致的韵律美，丹山—碧水—绿树—蓝天—白云组成的色彩美。而从意境美学来看，赤壁丹崖的崇高与险峻，造型地貌的神奇与精绝，山水田园的雅秀与恬淡，沟谷茂林的幽深与清静，云遮雾障的奥妙与奇幻，使得丹霞地貌获得非凡的意境美。

同时，丹霞地貌的景观美推动了中国审美文化的建设，孕育了一系列专属于丹霞美学描述的词汇。如"丹霞"本身就是一个最富有美感的词，还有形容红色陡崖壁的"赤壁丹崖"，形容丹

霞山水组合的"丹山碧水",形容丹霞洞穴的"紫府洞天",形容丹霞山块的"万古金城"等。

赤水丹霞展示了独特的自然美,陡峭的山体、深切的沟谷和峡谷、茂密的森林,尤其是瀑布与崖壁的组合显示出世界上其他地方都难以发现的奇特的高原峡谷型景观。丹霞地貌典型,造型奇特;丹霞山水色彩鲜明,结合了雄伟与秀丽、动态与静态等美学元素,展示了卓越的丹霞景观和非凡的自然美。

赤水丹霞地处中亚热带温润季风气候区,代表性植被为中亚热带温润性常绿阔叶林,具有南亚热带过渡性特点。种子植物地理成分以热带(亚热带)成为占优势,表明本区植物区系具有热带亲缘和亚热带特色。赤水丹霞是"古湖"沉积,经沉积—隆升干涸—褶皱构造体系系列地质地貌演化典型区,具有丹霞生态演替的典型性,包含陆地和水域生态系统。赤水丹霞展示了重要的和正在进行的生物和生态演化过程,植被自然演替达到顶级阶段,形成原始的中亚热带常绿阔叶林生态系统。

赤水丹霞以常绿阔叶林占优势;相对封闭的地形和湿热条件,生物群沿地貌、气候和水文差异形成对称和不对称空间分异,表现亚热带和热带性质;为亚热带气候条件下古北区偏西偏北区域生物与生物演化的理想研究区域,是全球中亚热带地区马蹄形丹霞绝壁与丹霞峰丛峡谷生态系统和生物演化的典型区域。植被经自然演替达顶级阶段,形成包含古、现代植被的中亚热带常绿阔叶林并含雨林层片生态系统,植物以热带分布类型为主。其独特性表现在该地长期的地质地貌演化形成了暖湿气候和偏酸土壤生态环境,植被表现古老、喜热、喜湿、偏酸、速生等生态特性。现存丰茂植被记录着区域地理与环境变迁过程,展示了重要的已经经历和正在进行的生物与生态演化过程。

赤水丹霞具有丰富的生物多样性。广泛分布于深山峡谷的原生性中生代孑遗植物——桫椤,以"活化石"的形式向世人展示了该地区生命演化的顽强性和连续性,为古地理环境的研究提供了难得的活体标本。其分布面积之大、原生性之强、保护之好,在世界范围内都是罕见的。孑遗物种桫椤的存在,以活体的形式展示了地球生命演

化的一个重要方面,具有极高的科学研究价值。长江的一级支流赤水河及其支流,在整片区域纵横交错,形成很多深切沟谷和峡谷,沿着峡谷,发育了壮观的瀑布和红色崖壁。赤水丹霞区从古孢粉记录的针阔混交林到现有的含多物种的古现代植被并存的常绿阔叶林(沟谷含雨林层片),表明该地区具有生态演替的典型性和生态系统的完整性,这种生态演替典型性、生态系统完整性和物种丰富性在同纬度丹霞地貌是少见的。赤水的丹霞不但具有古植被到现代植被的演进、裸岩原生演替外的显著特征,而且还在相对封闭的地形和湿热条件下发育了完整、典型和大面积的常绿阔叶林生态系统,植被原生性强,生物群沿地貌、气候、水文和土壤差异形成对称和不对称空间分异。各园区或景区的地质景观与自然生态环境紧密结合,有机相融,自然生态保持完好。在强烈切割的较高山体,大约海拔700米以下为常绿阔叶林含季雨林层片,700~1000米为常绿阔叶林,1000米以上为针阔混交林,同时,植被沿河谷、山体还形成一定的横向分异。从沟谷到山顶,到处可见湿生、岩生、攀援、附生、寄生等生态景观。

◀ 寿星石
▲ 良好的生态环境
▲ 自然与人的和谐共处

天然园林,旅游胜地

赤水是中国优秀旅游城市、国家重点风景名胜区,由赤水大瀑布景区、四洞沟景区、竹海景区、桫椤自然保护区等十大景区和36个独立景点组成,以原始古朴、自然天成而著称,青山、绿水、红岩造就"神秘赤水",碧波荡漾的竹海、婀娜多姿的桫椤、千姿百态的丹霞奇石、神韵各异的瀑布和原始森林,构成中国乃至世界最具魅力的天然山水园林画卷。

赤水地处贵州高原向四川盆地的过渡带,海拔高差大(221～1703米),地形切割强烈,垂直高差明显,属中亚热带气候区,雨量充沛,气候温暖,适合多种植物生长。这里地貌奇特,山峰竞秀,森林葱郁,沟壑纵横,百川竞流,物种繁多,是自然天成的园林和旅游胜地。

赤水旅游资源十分丰富,以其独特的自然景观闻名,1994年被国务院划为国家级风景名胜区,风景区面积占市域面积近70%,共有十大景区,均以原始古朴、自然天成著称。赤水是国务

▼ 江山如画卷
▶ 盘龙河秋色

院唯一以行政区名称命名的国家级风景名胜区,景观以瀑布、竹海、湖泊、森林、桫椤、丹霞地貌等为主要特色,兼有古代人文景观和红军长征遗迹。赤水是人们生态旅游、健康旅游、回归大自然的理想胜地和革命传统教育基地。

全市现有国家级以上旅游资源:一个世界自然遗产——中国丹霞·赤水;一个国家级风景名胜区——赤水风景名胜区;一个国家地质公园——赤水丹霞国家地质公园;两个国家级自然保护区——赤水桫椤国家自然保护区、长江上游珍稀特有鱼类国家级自然保护区(核心区);两个国家森林公园——燕子岩国家森林公园、竹海国家森林公园;两个国家AAAA级旅游景区——赤水大瀑布景区、燕子岩景区。目前已对游人开放的景区有:赤水大瀑布、四洞沟、佛光岩、杨家岩、中国侏罗纪公园(赤水桫椤国家自然保护区)、燕子岩国家森林公园、竹海国家森林公园等自然景区,以及大同古镇、丙安古镇、红军长征遗址等人文景区。另外,天台山、九角洞、月亮湖、九曲湖、长嵌沟、仁友溪、月台、宝源、盘龙等景区正在开发建设之中。

1994年1月,贵州省赤水风景名胜区被国务院批准列入第三批国家级风景名胜区名单;1996年,赤水市被林业部命名十大"中国竹子之乡";2000年10月,赤水桫椤自然保护区被国家旅游局批准命名"中国侏罗纪公园";2005年2月,赤水市纳入国务院颁布的《全国红色旅游精品线名录》;2006年,贵州赤水被《中国国家地理》杂志评选为"中国最美丽的地方";2007年,赤水市被国家旅游局授予"中国优秀旅游城市"的称号;2007年12月,赤水市被中

国摄影家协会选定为"全国摄影创作基地";2008年12月,赤水风景名胜区被国际旅游联合会授予"中国最佳绿色生态景区"的称号;2009年2月,"赤水丹霞"纳入"中国丹霞"捆绑申报世界自然遗产总文编制范围且排名第一。2010年8月2日,联合国世界遗产委员会(WHC)在第34届世界遗产大会上一致通过了湖南崀山、广东丹霞山、贵州赤水、福建泰宁、江西龙虎山、浙江江郎山"捆绑"申报的"中国丹霞"为世界自然遗产,贵州赤水正式成为世界自然遗产地,也是贵州省第二个世界自然遗产地。

赤水旅游资源丰富,历史文化深厚,民俗文物异彩纷呈。发展旅游业带动了很多产业,其发展思路、发展模式、政策措施,以及行、吃、住、游、购、娱等,都以科学发展观为指导,密切联系赤水实际以及人们的生活实际,做到科学发展,以人为本。充分发挥媒体的宣传功能,着力打造旅游精品,开拓旅游市场,全面提升赤水旅游知名度和美誉度,进而推动了全省旅游业的发展和创新。

美丽的赤水张开了双臂,热忱欢迎海内外朋友到赤水旅游观光,体验"饮马长江、探秘赤水、醉卧茅台、转折遵义"的英雄之旅、神秘之旅、生态之旅、低碳之旅、健康之旅和幸运之旅!

▲ 田园美景

地质历史

区域地质背景
地质发展演化史
科学研究

区域地质背景

赤水地处四川盆地南缘，紧靠黔北大娄山北麓，扬子准地台西部，属四川台坳，即扬子区四川盆地分区泸州小区，与四川为同一沉积湖盆。境内出露地层为侏罗纪、白垩纪红色建造，是贵州省内侏罗纪、白垩纪地层发育最好，出露最齐的地区。

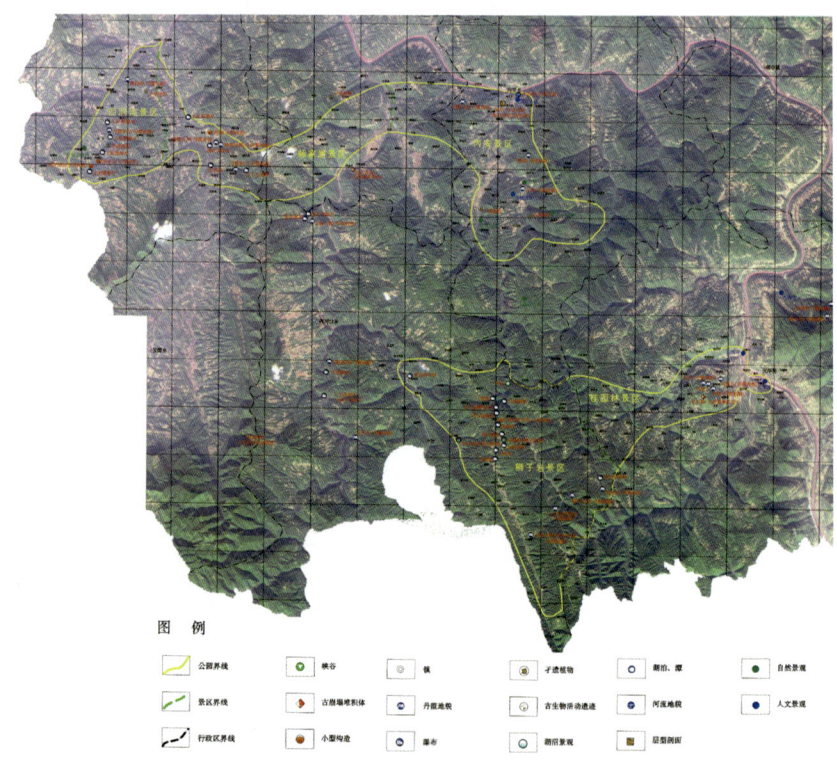

▲ 赤水卫星影像图
▶ 赤水地质图

赤水地质构造，因受川黔南径向构造体系和横行构造体系的交错影响，地层倒陷，剥蚀强烈，既有背斜成山、向斜成谷的顺构造地形，也有向斜成山、背斜成谷的逆构造地形。东部、南部山地向西北递降，赤水河、习水河下游地区形成河谷丘陵地带。

地层

赤水境内出露地层有中生代侏罗纪沙溪庙组、遂宁组、蓬莱镇组、白垩纪嘉定群和新生代第四纪地层，全为沉积岩。侏罗纪、白垩纪为河湖相沉积的红色、紫色泥岩，粉砂质泥岩及砂岩，又称红岩。第四纪为残坡积层、冲积层和洪积层，各地层特征分别由新至老分别为第四纪、白垩纪、侏罗纪等。

第四纪，主要分布于谷地、河谷及其两侧阶地、缓坡地带，厚约0~10米，分布较广。岩性为紫红色残坡积粘土、冲洪积砂砾石层。其中分布较普遍，与地质灾害关系最大的为残坡积层，其结构松散，易饱水，加之基底又为碎屑岩层，透水性差，15°~35°斜坡地带的松散土层最容易发生滑坡。另外，泥石流物质也主要来源于冲沟两岸及斜坡上分布的第四系松散堆积层。

白垩纪，区内出露的白垩纪地层为嘉定群，岩性为棕紫色、砖红色石英砂岩夹暗紫红色泥岩，厚约942米，境内中部有四川盆地型上白垩纪，盆地边缘相，多组成向斜轴部，主要分布于境内赤水河以南。北面主要分布于习水河谷两岸斜坡上部近山顶地带。除城区三个办事处外，其余乡镇均有分布。分布面积较广的主要为大同、两河口、复兴、丙安、葫市、元厚等乡镇，出露面积1346.57平方千米，占全市国土面积71.5%。

该地层主要为砂岩夹泥岩，抗风

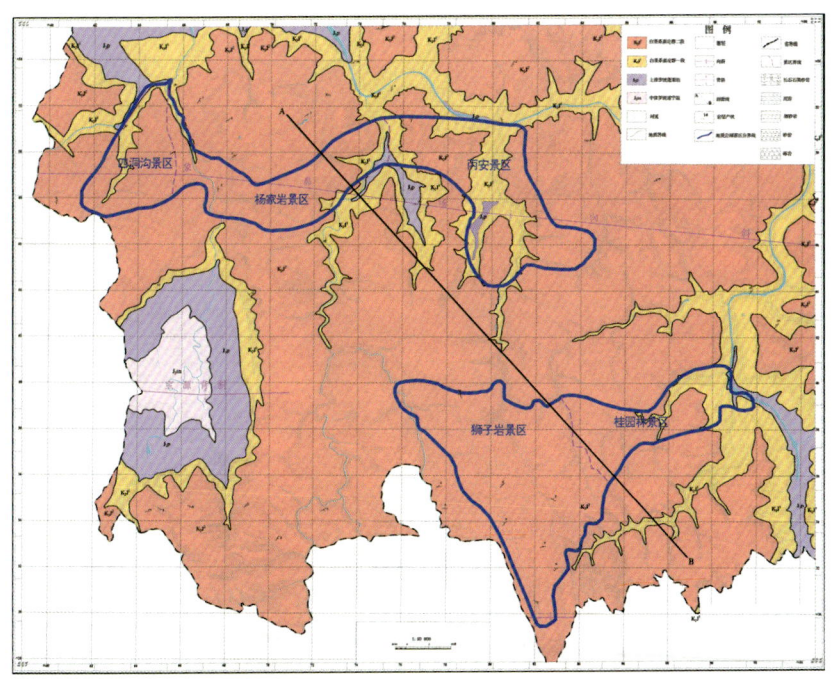

化能力较强，地形上主要形成高大山脊，人口稀少，多为植被覆盖。砂岩层节理裂隙发育，该地层陡崖地带是崩塌易发地带，特别是其下部与侏罗纪顶部泥岩地层接触地带，白垩纪砂岩层多为高陡崖，是区内崩塌集中分布地带。

侏罗纪，赤水出露的侏罗纪地层主要包括蓬莱镇组、遂宁组、上沙溪庙组和下沙溪庙组。

蓬莱镇组：主要分布于习水河沿岸的官渡背斜的白云、长沙、长期、官渡、石堡一线，旺隆背斜两翼旺隆、天台至城区附近以及宝源、复兴等地，分布面积360平方千米，占全境面积19.1%，岩性为暗紫色夹紫灰、绿灰色细粒砂岩与暗紫、紫红色泥岩不等厚互层，底部有5米厚的含铜砂岩，上部为紫红色砂泥岩，偶夹沥青脉，厚93.5～923米，由南向北尖灭，该地层斜坡地带是滑坡易发地带。

遂宁组：主要分布于海拔250～400米的复兴、宝源、城区、天台、旺隆白

赤水市地层特征表

纪	统	组	代号	厚度(m)	岩性特征	出露面积(km^2)	占幅员面积
第四纪		新冲积	Qn	0～10	灰色、紫红色细粒砂冲积物，下部见卵石	零星分布	
		老冲积	Qp	0～30	黄、红色黏土		
白垩纪	嘉定群	嘉定群	Kjd	516～1000	紫色、砖红、灰紫色、厚层中细粒长石石英砂岩，夹多层紫红色泥岩，底部为2～3.5米厚砾岩	1346.57	71.5%
侏罗纪	上统	蓬莱镇组	J3p	93.5～623	暗紫色、砖红色、绿灰色粉至细砂岩与暗紫红色泥岩不等厚互层，底部有5米厚的灰绿色含铜砂岩，上部为紫红色砂泥岩，偶夹沥青脉	360	19.1%
		遂宁组	J3s	360～400	暗紫色砂质泥岩夹灰绿色砂岩，底部有厚10米的浅灰色长石英细砂岩	56	3.0%
	中统	上沙溪庙组	J2s	30～1220	浅灰、紫灰色砂岩与间紫色泥岩不等厚互层，上部夹一层厚12米砂岩，底部为厚5米的黑色叶肢介页岩	120	6.4%
		下沙溪庙组	J2x	257～280	紫红色泥岩，夹浅绿色、紫灰色砂岩，顶部为深灰色粉砂岩		

云、长沙、官渡一带的背斜两翼和向斜山前带的深丘、低山地区，面积56平方千米，占全境面积3.0%。岩性为暗紫色砂质泥岩、夹绿灰色砂岩、底部为厚10米的浅灰色长石英砂岩，厚394米，该地层斜坡地带容易发生滑坡。

上沙溪庙组：分布于旺隆背斜轴部的城区、天台、复兴、旺隆一带，面积120平方千米，占全境面积6.4%，岩性为紫红色泥岩，粉砂岩与浅灰、紫红色细一粗粒长石英砂岩石等厚互层，厚980米。该地层斜坡地带容易发生滑坡。

下沙溪庙组：仅在旺隆背斜的复兴镇长江一带有少量分布，面积约1平方千米，岩性为紫红色泥岩夹浅灰绿色紫灰色厚层、块状细一中粒长石英砂岩，顶部为深灰色砂岩，厚270米，未见底，该地带斜坡地带容易发生滑坡。

◀ 暗紫红色泥岩
▼ 龙凤岩

构造

赤水介于四川盆地川南坳陷东缘，东北邻川东南褶皱带，东南为黔北娄山褶皱带延伸的尾部地带，属川中台坳泸州小区的赤水褶皱束，陆相沉积岩层较新。在1100平方千米的沉积面内的构造线大致为两组：一组呈东西向，即太和、旺隆等短轴背斜圈闭，并伴随有旺南、旺西南两潜伏高、太和背斜鼻突、五通鼻突及太和南翼凤鸣湾大断层，是川南坳陷主方向。另一组呈北北西—南南东向，即官渡、血柏坪等构造，是受川东南褶皱带帚状构造体系影响。地质构造大体由西门、血柏坪、宝源、太和、旺隆、官渡等一系列串珠状短轴背斜、穹隆构造和风溪、象鼻场、鸡公岭、燕子岩等向斜组成，以东西向为主，南北向次之，横跨交错，发育长度一般为10～20千米，岩层倾角15°以下，构造封闭良好。县城附近是一群分散的、规模较小的近南北向褶皱，有南北向断裂。

赤水地质构造，因受川黔南径向构造体系和横行构造体系的交错影响，地层倒陷，剥蚀强烈，既有背斜成山、向斜成谷的顺构造地形，也有向斜成山、背斜成谷的逆构造地形。东部、南部山地向西北递降，赤水河、习水河下游地区形成河谷丘陵地带。

背斜

太和背斜，轴部为上沙溪庙组叶支介层紫色泥岩，部分为下沙溪庙组砂岩，翼部为遂宁组及蓬莱镇组，从东向西延至新店、凤凰、天台、复兴、文华、庙沱等乡境，西连五通背斜，东连旺隆背斜，岩层倾角北翼13°～16°，南翼6°～53°，面积约13平方千米。

旺隆背斜，轴部可见上沙溪庙组

◀ 大型地质构造
▲ 官渡九湖景区

砂岩和泥岩,翼部为遂宁组及蓬莱镇组,岩层倾角北翼为8°～18°,南翼10°～32°,东西走向,西连太和背斜,面积约30平方千米。

官渡背斜,轴部可见蓬莱镇组上部砂岩,翼部为白垩系砂岩,岩层倾角东翼2°～4°,西翼7°～9°,近南北走向,延至习水境内,东北为燕子岩向斜,面积约80平方千米。

血柏坪背斜,轴部局部为蓬莱镇组顶部的砂岩、泥岩,白垩纪分布较广,岩层倾角西翼4°～6°,东翼4°～11°,近南北走向,西面伴有东西走向的小背斜,西南部有近东西向的龙水寺向斜,面积约30平方千米。

西门背斜,东西走向,南翼临叙永大向斜,出露地层为白垩纪,岩层倾角南翼8°～10°,北翼5°～7°,面积60平方千米。

宝源地腹背斜,轴部为蓬莱镇组砂岩,翼部为白垩纪砖红色砂泥岩,面积23平方千米。

高木顶背斜,西部四川高木顶背斜延至境内宝源后为西南、偏北走向,沿新桥沟西、宝源至华平一带。

向斜

象鼻场向斜(东部也称思粟坪向斜),位于县境中部,西东走向,经丙安、大群、金沙、黑神岩、磨子岩延至习水县境内,中途在天堂岩一带隐伏,岩层倾角3°~10°,轴部出露岩层为夹关组二段砖红色细石石英砂岩,翼部出露岩层为夹关组一段紫色厚层块状细粒钙质石英砂岩。

鸡公岭向斜(猫鼻梁向斜),位于旺隆背斜北沿,东起玉皇乡猫鼻梁,经堰沟坎、长期、石笋南缘及平滩、九条岭向西延至合江县境内,岩层倾角2°~6°,轴部出露岩层为夹关组二段砖红色砂岩,翼部出露岩层为夹关组一段紫红色砂岩。

燕子岩向斜,位于赤水市境东北部边缘,西北、东走向。

风溪口向斜,位于赤水市境西部,经风溪、凯旋、华平、永合向西延至川境。

叙永向斜,位于赤水市境南部,东西向在虎头一带入境,转南北走向后隐伏。

断层

赤水市境内的断层不发育,只是在城区附近和官渡有近南北向的小断层出露。

新构造运动及地震

晚近构造运动在山地、河谷、地貌等方面有明显反映。总之特点是大面积上升为主,间有短暂间歇,表现特征为多级夷平面和河流阶地。

区内地貌活动较频繁,震级

2.5～3.7级，有感地震频频发生，仅1949年后，境内就先后发生多次地震和余波地震，最大震级3.7级，未发生过破坏性地震。根据1995年贵州地震烈度图，赤水地区地震基本烈度为Ⅵ度。

水文地质条件

区内气候温暖潮湿，雨量充沛，

为地下水的形成提供了丰富的补给源。

区内全部为碎屑岩，无碳酸盐岩，松散堆积物仅零星散布于各地。各类砂岩具有性脆、抗压强度高、抗剪、抗拉强度低的力学特性，因此，在构造变动中，形成了发育的"网状"裂隙系统，使这类岩石有着良好的透水性能和储水空间。构造裂隙的发育，是本区碎屑岩具有含水性的主导因素。

各类泥岩具有塑性，往往只形成细小而密集的微裂隙，一般水量贫乏，在构造应力集中的部位，构造裂隙相对发育。并经风化作用而得到扩大，给浅层地下水的储集创造了条件，它们几乎都赋存有基岩裂隙水。

区内经历了不同方向的构造应力的多次作用，

◀ 垂直节理
▲ 赤水市构造纲要图

构造体系多样,构造裂隙发育,褶曲宽缓低矮,中生界红层广泛分布,是红层承压水和基岩裂隙水大片分布区。区内河网发育,河谷纵横,地下水具有埋藏浅、径流短、分散排泄的特点。局部地貌特征对地下水的富集起着重要控制作用。

按地下水的赋存条件及水力特征,本区地下水可分为松散堆积层孔隙水和基岩裂隙水两大类。

松散堆积层孔隙水

第四纪松散堆积层包括冲洪积层和残坡积层,主要分布于河漫滩、阶地、沟谷、缓斜坡与坡麓地带。区内主要呈零星分布,岩性为砂卵石、粘土、粉质粘土等。该类堆积层含水性较好,含水介质为土层孔隙。主要接受大气降水补给,地下水沿基岩面和孔隙向附近低洼地带汇流,除少部分以泉和分散形式排泄外,大部分渗漏补给下伏基岩地层。

▲ 松散堆积层孔隙水
▼ 基性岩石的地质环境下,形成众多的瀑布群
▶ 云涌山村

碎屑岩基岩裂隙水含水岩组富水特性

含水层包括侏罗纪蓬莱镇组、遂宁组、上沙溪庙组、下沙溪庙组和白垩纪嘉定群。各含水岩组岩性差异较大，含水性也有很大差异。

蓬莱镇组、沙溪庙组岩性相似，主要为泥岩与砂岩不等厚互层。砂岩以沙溪庙组最发育，成层厚而夹层多。该地层地表泉水稀少，一般泉流量小于0.1升/秒，在有利的构造和地貌部位，也偶有大于1.0升/秒的上升泉，地下水径流模数为0.05~3.02升/秒·平方千米。

遂宁组主要为各种粉砂质泥岩，夹少量薄层砂岩，因具塑性，构造裂隙不发育，主要含风化裂隙水，地表泉稀少，流量多小于0.1升/秒，地下水径流模数0.075~2.76升/秒·平方千米。

嘉定群为一套厚层至块状砂岩，含钙质及石膏，构造裂隙极为发育，含水性较以上岩层好，泉水多自裂隙中呈散流状溢出，流量多小于0.5升/秒之间，地下水径流模数为2.06~4.73升/秒·平方千米。

矿产资源

境内地层较新，出露地层全是陆相沉积岩，矿藏不丰富，侏罗纪地层以下的海相碳酸盐岩地腹地层和出露地层中主要矿藏有：天然气、卤水、沥青、铜矿、铁矿、硅砂矿、辰砂等。

储藏量最大、开采价值最高的为天然气，主要分布于天台、旺隆、官渡、石堡、宝源等，产气层主要在三叠纪嘉陵江组灰岩、白云岩及二叠纪阳新统灰岩中。

区内无采矿而诱发的地质灾害。

地质发展演化史

贵州赤水地区在地质年代上,历经数次海浸、海退,三叠纪末成为巨大的"四川古湖",沉积了巨厚的红层,为丹霞地貌的发育奠定了良好的物质基础。随着新构造运动的隆起作用出露地表的红层高原在流水、风等外力作用下,形成了今天赤壁丹崖、奇峰异石、河谷幽深的世界地质旅游奇观。

贵州赤水大地构造属于扬子板块的两个不同单元,即黔北与四川盆地的交接处。震旦纪至三叠纪时期,虽有过若干次海浸海退的沧桑变化,但都未发生过强烈、显著的褶皱和断裂,是相对稳定的地槽或沉积带,在后来的构造运动中,褶皱发育,成为"川东南褶皱束"的一部分,在贵州境内称为"赤水褶皱束"。

三叠纪末海退后,"四川台坳"成为内陆湖盆,在侏罗纪—白垩纪时期,那里一直积水成湖,称"四川湖"或"巴蜀古湖"。在这一漫长的时期内,气候炎热,由于铁质的氧化,使数千米厚的沉积物呈现红色,并在湖底堆积,是贵州中生代中、

▼ 赤水沉积地貌

晚期最人的沉积区，为丹霞地貌的发育奠定了良好的物质基础。其以大面积出露的白垩纪嘉定群南缘为界，与黔北分开。这一地区出露的红层由侏罗纪中上统及白垩纪嘉定群岩系组成，其中大面积分布的白垩纪鲜红色厚层块状的长石石英砂岩是丹霞地貌发育的主体。在白垩纪末期的燕山运动中，四川湖盆大面积抬升，使"四川湖"干涸为陆地，从而结束了漫长的沉积历史。由于受到四川盆地硬性地块的硬性，使北东向构造发生S形弯曲，出露出中生代至震旦纪的各时代地层。

第四纪中、晚期的新构造运动，使燕山期形成的娄山弧形构造受到强烈挤压，整个地块随大娄山的抬升而大幅度上升，形成与四川盆地高低悬殊的红层高原。由于高原与盆地间巨大的势能梯度，流水下切作用强烈，在高原面上切出众多沟谷。随后，在风化、剥蚀、崩塌等外力的长期作用下，逐渐成为雄伟壮观的高原—峡谷型丹霞地貌，并成为中国高原—峡谷型丹霞地貌的典型代表。赤水西北侧因基底刚硬，受挤压轻微，上升幅度较小而成为广袤的红层丘陵发育区。

贵州赤水大地构造属于扬子板块内部的四川前陆盆地南部边缘，是一个以早前寒武纪结晶基底的克拉通，主要以中生代陆相地层为盖层的大型拗陷盆地。其构造变形特点是构造变形比较微弱，地层产状一般较平缓，有的甚至水平，层间关系基本协调，褶皱作用极其缓慢，褶皱一般开阔，其形式以横弯顶薄者为主，仅有一些规模不大且舒缓的背斜和向斜，主要呈近东西向分布，属前陆盆地的类日耳曼型褶皱。断裂构造亦不发育，仅见一些小型的正断层。

贵州主要的构造作用是发生在古近纪与新近纪之间的新构造运动。由于印度板块与欧亚板块发生碰撞造山，不仅形成了著名的新特提斯造山带，而且使青藏及其邻近地区成为"造山的高原"。此地球动力系统不仅深刻地影响着青藏高原的周围地区的环境，而且成为影响全球环境极为重要的因素。青藏高原是印度洋板块推挤欧亚板块隆起形成的，云贵高原也必然受其影响和制约。赤水地区同云贵高原一样，地质构造演化表现为以下两个方面：

> **知识链接**
>
> ### 丹霞地貌
>
> 丹霞地貌（Danxia Landform）系指由产状水平或平缓的层状铁钙质混合不均匀胶结而成的红色碎屑岩（主要是砾岩和砂岩），受垂直或高角度节理切割，并在差异风化、重力崩塌、流水溶蚀、风力侵蚀等综合作用下形成的有陡崖的城堡状、宝塔状、针状、柱状、棒状、方山状或峰林状的地形。丹霞地貌主要分布在中国、美国西部、中欧和澳大利亚等地，以中国分布最广。
>
> 1928年，获美国哥伦比亚大学地质学硕士学位的矿床学家冯景兰，在我国粤北仁化县注意到了分布广泛的第三纪（6500万~165万年前）红色砂砾岩层。在丹霞山地区，厚达300~500米的岩层被流水、风力等风化侵蚀，形成了堡垒状的山峰和峰丛、千姿百态的奇石、石桥和石洞。冯景兰意识到这是一种独特的地貌景观，并把形成丹霞地貌的红色砂砾岩层命名为丹霞层。

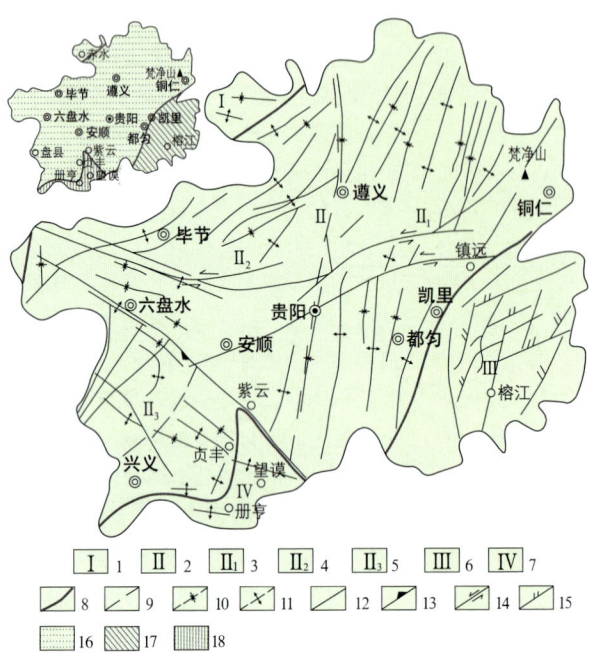

1. 四川前陆盆地；2. 鄂渝黔前陆褶皱冲断带；3. 武陵山褶皱冲断带；4. 毕节-安顺变形带；5. 乌蒙山走滑变形带；6. 江南造山带；7. 右江造山带；8. 构造带界线；9. 构造变形区界线；10. 向斜轴；11. 背斜轴；12. 断层；13. 逆冲断层；14. 走滑断层；15. 剪切断层；16. 扬子陆块；17. 江南造山带；18. 右江造山带

区的影响也是有差别的。对于青藏高原东南的云贵高原，其构造边界具有逆冲走滑双重性质，并有局部拉张，青藏板块总体向东南及南运动，其物质也向东南挤出。随着构造应力扩展，使位于扬子板块的云贵高原地壳在晚新生代时期发生阶段性、差异性隆升，最终形成西高东低，向东倾斜的云贵高原。

综上所述，赤水地区丹霞地貌形成的主要地球内动力背景是晚新生代以来印度板块与欧亚板块碰撞和青藏高原隆升的远程效应扩展的结果。

（1）碰撞造山—构造变形

是指贵州地块在印度板块和欧亚板块碰撞动力学体制的影响下，发生造山进程而引起的构造变形。这次造山作用波及贵州全境，并普遍发生了褶皱和断裂，对贵州地质构造有着极其深刻的影响。不仅加强了燕山期及其以前的构造变形，更形成单独的构造变形样式和构造组合特征。至此，贵州地壳浅部表层构造才得以完全定型。

（2）挤出扩展—地壳隆升

喜马拉雅期造山进程和青藏高原隆升的因素是极其复杂的，对周围地

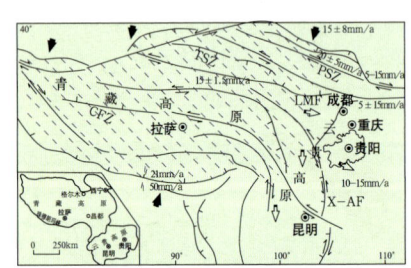

1. 青藏高原周边地区；2. 青藏高原；3. 早古生代形成走滑剪切带；4. 三叠纪形成走滑剪切带；5. 新生代形成的走滑断裂；6. 龙门山断裂带；7. 小江-安河断裂带；8. 走滑断裂；9. 逆冲断层；10. 板块挤压运动方向；11. 板块挤出运动方向；12. 走滑构造形成时代；13. 构造运动速率

科学研究

中国当代丹霞地貌研究领域权威专家、中山大学黄进教授考察赤水后这样评价说:赤水是我所走的地方,发现丹霞面积最大,发育最完整、最年轻的地貌……所以我得出这样的结论,"赤水丹霞地貌面积之大,发育之典型,壮观美丽,当属全国第一"、"赤水丹霞地貌景观是大自然的杰作,是赤水人民的宝贵财富"、是"具有世界意义的宝贵财富"。

从20世纪20年代开始,中国丹霞研究经历了初创、成型和发展三个阶段,已日趋成熟。

1928年,冯景兰等命名了"丹霞层";1939年,陈国达提出"丹霞地形"名词。一些学者对红层的岩性、构造、地貌发育等进行了不同程度的研究;界定了华南地区的丹霞层层位,开始了作为一种特殊地貌类型的学术研究。

建国后,随着区域地质调查和综合科学考察,丹霞地貌的概念得到广泛的使用。1960年,曾昭璇

◀ 贵州构造略图
◀ 青藏高原与云贵高原构造应力图
▼ 丹霞红层

发表《岩石地形学》,将红层地貌作为独立的岩石地貌类型;1980年,曾昭璇、黄少敏在《中国自然地理·地貌》中专门论述了中国红层的分布、岩石学特征、地貌发育和形态特点;1982年,黄进探讨了丹霞地貌坡面发育。学者们总结了丹霞地貌研究成果,使这个名词得到了更广泛的传播,作为一个独立地貌类型的学术研究已初步形成体系。

公园积极与知名高校和研究机构合作,取得丰硕的研究成果,内容涉及到基本理论、研究方法、历史文化、开发利用和科普教育等多个方面,为公园的开发与保护、管理与经营提供了科学依据。目前已完成1:50000地质填图、基础地质研究和生物本底调查。

▲ 侏罗纪—白垩纪地层分界

科学研究已取得的成果

名称	内容	完成者	出版或资料保存处
赤水桫椤科研论文集	记录了赤水桫椤自然保护区的地貌景观特点、植被旅游资源、金沙桫椤生长环境、保护区周边经济环境、社区居民保护自然资源的情况等	赤水桫椤自然保护区管理处	赤水桫椤自然保护区管理处,2004
赤水桫椤自然保护区昆虫集	记录了赤水桫椤自然保护区昆虫状况	贵州省环境保护局	贵阳:贵州民族出版社,1990
赤水生态旅游科普考察报告文集	对赤水风景名胜区的生物多样性、赤水丹霞地貌、生态旅游资源现状评价等进行描述	贵州省科协	赤水市旅游局
赤水桫椤景观昆虫	对贵州赤水桫椤国家自然保护区昆虫资源系统调查的科学总结。书中对保护区昆虫区系特征、起源与演化、昆虫资源及物种多样性进行了探讨,对保护区的规划管理及昆虫等的保护利用充实了新的内涵。记述了贵州赤水桫椤国家级自然保护区昆虫(包括部分蛛形纲昆虫)16目150科507属781种。其中新科4个,中国新记录科4个。已知种简述其形态特征、分布及寄生植物;新的分类单元按《国际动物命名法则》要求在本书发表。本书附成虫形态特征图44幅,赤水桫椤国家级自然保护区功能分布区图1幅,图版12面	金道超、李子忠等	贵州科技出版社
赤水,您一生不能不去的地方(画册)	以照片的形式记录了赤水国家级旅游区的各个主要景观特征	孙建华	湖南地图出版社
神秘的赤水(画册)	以照片的形式记录了赤水国家级风景名胜区、赤水桫椤国家自然保护区、赤水竹海国家森林公园、赤水国家生态示范区的主要景观特征	中共赤水市委赤水市人民政府	赤水市旅游局
赤水旅游(画册)	以照片的形式记录了赤水国家级旅游区的各个主要景观特征	贵州省赤水旅游开发投资有限公司	赤水市旅游局
赤水旅游	记录了赤水国家级旅游区的各个主要方面,涉及面较广,是游客出游指南,也是导游人员、旅游从业人员的工具手册。为中外游人到赤水旅游提供便利,为导游人员提高服务质量提供参考;对普查、开发赤水自然生态旅游资源,弘扬赤水历史文化,加强自然生态资源的开发和保护起到积极作用	赤水市风景旅游管理委员会、赤水市旅游局	赤水市风景旅游管理委员会、赤水市旅游局

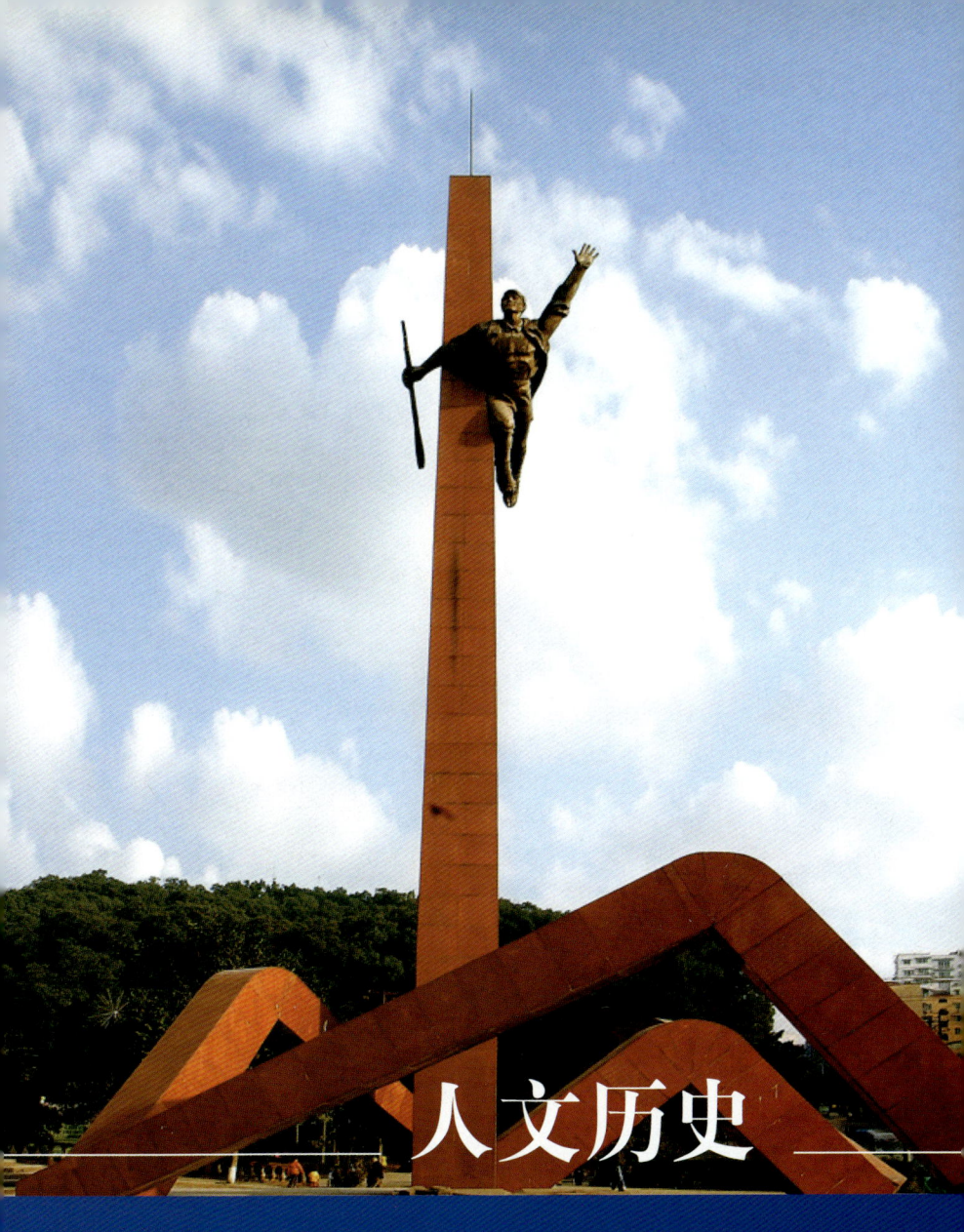

人文历史

赤水历史沿革
四渡赤水，红色经典
民族风情，多彩赤水

赤水历史沿革

赤水市地处黔北边境门户和水陆交通要冲,历史悠久,人文荟萃,历来是连接天府之国四川乃至长江中下游地区的重镇,经济和军事地位尤为重要。赤水人才济济,名人辈出。清代有诗人张大昌、傅师瞿,实业家张淳、陈玉生,闽省楠竹引种人黎理泰。现代有革命活动家段雪笙,宁死不屈的女共产党员黄星元,"五四"运动中破指血书"还我青岛"的学生领袖谢绍敏,喋血雨花台的革命烈士袁咨桐,教育家谢灵阶、肖文灿等。

赤水地处黔北,紧连川南,为黔川重要古镇,是贵州开发较早地区。赤水历史悠久,受巴蜀文化影响较深。远在新石器时期,赤水河中下游已有人类活动,已发现有石斧、石锛、石网坠和原始人类用火痕迹及至今仍无人解读的岩刻符号。从最近考古发现的马鞍山岩墓群中出土的陶、瓷、铜、铁生活用具与生产工具,证明从汉代起已与中原地区有了交往,也成为赤水开发较早的重要物证。

唐代为加强对少数民族的统治,在西南地区设

▼ 晨光下的河滨路
▶ 西门城门洞

置大量羁縻州，在今赤水地域内设置有滋州、蔺州、能州等。到北宋大观三年（1109年），赤水正式用行政建置，时属滋州仁怀县，县城在今复兴镇。宣和三年（1121年），撤滋州，降仁怀县为堡，改隶泸州合江县。南宋端平二年（1235年），仁怀堡改属播州宣慰司管理。

元代，播州宣慰司长官杨邦宪降元，并仁怀堡、武都城（今习水土城）为仁怀、古磁等处（等处为元代行政建制名称之一，派巡检驻原仁怀堡管辖）。元末，明玉珍在重庆建立"夏朝"，改仁怀、古磁等处为怀阳县。

明朝初年，朱元璋灭夏，怀阳县废，其属归还播州宣慰使司管辖。明洪武十四年（1381年），明王朝在全国编造赋役黄册、整顿设置里甲，今赤水地区属播州五十四里之仁怀里、龙门里（亦称下赤水里）和上赤水里部分，明万历二十九年（1601年）平播后，实行"改土归流"，以仁怀里、龙门里、上赤水里、丁山里、小溪里等设仁怀县，隶四川行省之遵义军民府。原仁怀县治所早年荒废，首任知县曹一科拟将新县城设于赤水河中游的土城，但因当地土豪作梗，只得建成于赤水下游的留元坝（亦称犁辕坝，即今赤水市治所所在地），隔河与泸州合江县相邻。

清朝仍袭明朝建置，雍正六年（1728年），随遵义府改隶贵州。雍正九年（1731年），知县杜诠以县城居仁怀县边界，"河以南天尺土"，"不便于官，不便于民"，请准移治所于仁怀县南之李博里，仁怀县城由留元坝迁生

界，原县城改由遵义府通判驻守管理。乾隆三年（1738年），经吏部议奏，拨仁怀县之仁怀、河西、土城三里归旧城通判管领，亦称遵义分府。

乾隆十年（1745年）十月，贵州总督张广泗请准疏通赤水河，以便于铅铜入京和川盐入黔，次年竣工。从此赤水河成为川盐入黔重要通道，各地商贾营集赤水，大量流民涌入烧炭、种靛，以盐运、竹木为主的经济迅速发展。乾隆十三年（1748年），改遵义分府为遵义厅，亦称仁怀厅。

随着经济的发展，人民的增加，为加强统治与管理，乾隆四十一年（1776年），改遵义厅为仁怀直隶厅，归贵州粮储道管理。盐运的发展，吸引了四乡农民加入盐运工人行列，形成了赤水地区的最早无产者，他们深受船主剥削压迫，生活十分困难，为改善自己的生活条件，提高待遇，嘉庆十七年（1812年），盐运工人自发组织起来，要求提高运输价格，给船主以沉重打击，清朝统治者以扰乱盐运秩序为由，诬蔑船工为无赖之徒闹事，将盐运工人的组织者抓捕入狱，将赤水地区第一次工人自发运动镇压下去，但以后的船主

对工人工资也稍作提高。

清咸同贵州大起义时期，赤水虽地处起义中心较远，但仍有小股起义发生，均因人少力薄被镇压下去。同治元年（1862年），石达开率领太平军先后两次入境而过，在旺隆、七里坎、复兴、盐井溪、牛鼻擂、孔滩桥、元厚、石牛冈、官渡等地与地主武装团练和清军激战。同治二年至三年，满汉两族农民起义军号军数次进入赤水地区，先后在猿猴、小金驿、大金沙、崇盘、旺隆、石堡等地与清军团练展开激战。

光绪四年（1878年），四川总督丁宝桢请准对川盐入黔四大口岸的航道进行整治，到光绪六年（1880年），赤水河茅台至合江段30多处险滩得以整治，上下船只载重量普遍增加。

光绪三十四年（1908年），随着贵州粮储道裁撤，又因仁怀直隶厅与仁怀县同名，改仁怀直隶厅为赤水厅，隶遵义府管辖。

1911年辛亥革命爆发，驻防厅城的新军返筑，赤水厅官员宣布下野，地方士绅筹建起大汉赤水军政府。次年，军政府权力再度交原赤水厅同知掌管，激起境内同志会的强烈反对，以姚成武为首的同志会聚众千余人开赴赤水厅城，要求原清廷官员交出政权，后因大军压境而失败，姚成武等人被杀害。

1914年，撤销赤水厅，建立赤水县。1916年，护国战争爆发，驻防赤水的和继圣团奉令到桐梓加入护国军北出綦江，城内防守空虚，仅省县保卫团担负防务。当北洋军先头部队抵达鲢鱼溪，赤水保卫团立即前往抗击，击溃北洋军进攻，迫使退回先市一带。同时，

组织粮饷支援蔡锷将军领导的护国联军,为护国战争的胜利作出了贡献。

1924年,周西城率黔军第三师由四川进驻赤水,并以赤水作为扩张势力的基地,先后在赤水创办崇武军官学校、兵工厂、造币厂、福国工厂、电灯厂等,为桐梓系军阀集团的发展打下坚实基础。1925年,周西城由赤水赴贵阳任贵州省省长。 1929年,以共产党员梁业广为首的一批共产党员来到赤水活动,通过开办平民夜课学校,在广大青年和兵工厂工人中发展了一批党员,建立起贵州省最早的中国共产党组织——中共赤合特别支部,梁业广任书记。中共赤合特支成立后,在赤水地区先后领导了兵工厂工人罢工、反对修建教堂、抵制日货、农民"吃大户"和破产分粮等影响较大活动,在广大劳苦大众中得到支持与爱护。1934年秋,赤水特支遭到破坏,大部分党员被捕,少数转移外地。

1935年1月,中国工农红军长征到达赤水,揭开"四渡赤水"战役和序幕,在境内与数倍于己的川黔军进行浴血奋战,分别从土城、元厚等地第一次渡过赤水河,甩开敌人,进入川南,赢得了战役主动权。此后,中共泸县中心县委又在赤合边界的石顶山发动起义,建立起川滇区边工农红军游击队,以侧应中央红军的行动,起义在给予敌人沉重打击后,被镇压下去。

抗日战争爆发后,成立了抗敌后援会赤水分会,大批赤水儿女参军抗日,将热血洒在抗日战场。1938年,中共赤水特支成立,通过开展统一战线工作,以推动抗日救亡运动的发展。1941年,中共赤水特支遭破坏,特支书记被敌人杀害,支部成员转移外地。 1947年,中共川南工委迁元厚陛诏。1948年因敌特破坏转移到四川荣县。1949年,县内各级党组织发展到600余人,建立起两个区临委,7个支部。

1949年12月1日,赤水解放。

◀ 丙安德政碑
▲ 赤水民居

四渡赤水，红色经典

毛泽东指挥中央红军巧妙地穿插于国民党军重兵之间，灵活地变换作战方向，创造战机，在运动中歼灭了大量国民党军，取得了战略转移中具有决定意义的胜利，史称"四渡赤水"战役，是中国工农红军战争史上以少胜多、变被动为主动的光辉战例。毛泽东曾说，四渡赤水是他一生中的"得意之笔"。美国作家哈里森·索尔兹伯里在所著的《长征——前所未闻的故事》中写道：长征是独一无二的，长征是无与伦比的。四渡赤水又是"长征史上最光彩神奇的篇章"。

▲ 赤水天堑
▶ 影视作品里的红军一渡赤水

赤水是革命老区，中国工农红军二万五千里长征的途经之地，更是经典战役——"四渡赤水"的主战场之一。

四渡赤水是1935年初中央红军长征中，在贵州、四川、云南3省交界的赤水河流域同国民党军进行的运动战战役。

1935年1月上旬，中央红军长征到达贵州遵义地区。中旬，中共中央政治局在遵义召开扩大会议，纠正了王明"左"倾冒险主义在军事上的错误，实际上确立了毛泽东在红军和中共中央的领导地位。这时，蒋介石为阻止中央红军北进四川同红四方面军会合或东出湖南同红2、红6军团会合，调集其嫡系薛岳兵团和黔军全部、滇军主力和四川、湖南、广西的军队各一部，向遵义地区逼进，企图"围剿"中央红军于乌江西北、川黔两省边境地区。

在敌人各路大军分进合击的情况下，中共中央和中革军委决定中央红军由遵义地区北上，在宜宾、泸州之间北渡长江，进入川西北，同红四方面军会合，创建新苏区。1月19日，中央红军分3路向土城、赤水方向前进。26日，毛泽东在向土城行军途中，同朱德、周恩来等察看地形，建议在土城以东青杠坡山谷地带，围歼尾追的川军。28日，红3、红5军团对川军2个旅经过几个小时激战，没有取得较大战果。

朱德要求到前线直接指挥，毛泽东不同意。朱德把帽子一脱说："老伙计，不要光考虑我个人的安全。只要红军胜利，区区一个朱德又何惜！"毛泽东终于点头。朱德到达前沿阵地，给苦战中的红军指战员以极大的鼓舞。毛泽东令已到赤水的红1军团急速返回增援，令陈赓、宋任穷领导的干部团急赴前线，发起反冲锋，终于打退了川军的进攻，予敌以重创。此时，川军后续部队4个旅迅速增援。毛泽东等决定，立即撤出战斗，西渡赤水河，向古蔺以南地区前进，寻机北渡长江。

1月29日，红军分3路从元厚、土城地区一渡赤水河，向古蔺、叙永地区前进。毛泽东等鉴于川军已加强长江沿岸防御，决定暂缓执行北渡长江计划，挥师西向进至川滇边的扎西（今威信）地区集中，这时，川军潘文华部、滇军孙渡部从南北两个方向逼近扎西，毛泽东等又决定东渡赤水河，向国民党军兵力薄弱的黔北地区发动进攻。中共中央告诉全军，为了有把握求得胜利，红军必须经常地转移作战地区，有时向东，有时向西，有时走大路，有时走小路，有时走老路，有时走新路，而唯一的目的是为了在有利条件下求得作战的胜利。

2月18日至21日，中央红军分别从太平渡、二郎滩二渡赤水河。红军回师黔北，打乱了敌人的部署，川军一部慌忙向东追击，黔军又急忙抽调遵义部队向娄山关、桐梓增援，吴奇伟纵队两个师向遵义开进，企图阻止并围歼红军于娄山关或遵义以北地区。中共中央、中革军委决定乘敌大部尚未到达之际，迅

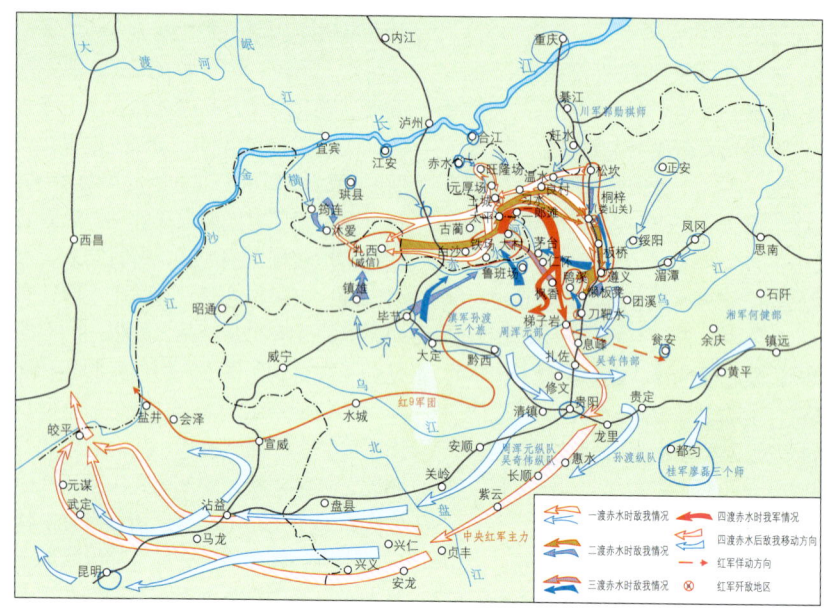

速击破黔敌的阻拦,奇袭娄山关,再占遵义城。在战役中,红军在敌情非常严重的情况下,5日之内连下桐梓、娄山关、遵义,击溃和歼灭敌人2个师又8个团,俘敌约3000人。这是长征以来最大的一次胜利。

在此次战役中,红3军团参谋长邓萍不幸牺牲。遵义战斗的胜利极大地鼓舞了全军的士气,严重地打击了国民党敌人,特别是打击了蒋介石嫡系部队的猖狂气焰,连蒋介石也不得不承认这是国民党军追击以来的奇耻大辱。毛泽东在《忆秦娥·娄山关》中写下了气壮山河的诗篇:"西风烈,长空雁叫霜晨月。霜晨月,马蹄声碎,喇叭声咽。雄关漫道真如铁,而今迈步从头越……"抒发了遵义会议后冲破敌人的围追堵截,引导中国革命重新走向胜利的豪情壮志。

遵义战役后,蒋介石由汉口飞抵重庆坐镇指挥,并改以堡垒主义和重点进攻相结合的战法,企图南北夹击,围歼红军于遵义、鸭溪地区。为了对付蒋介石新的围攻,中革军委于3月4日决定组织前敌司令部,朱德任司令员,毛泽东任政治委员。

10日,中央政治局在苟坝召开扩大会议,讨论林彪、聂荣臻提出的进攻打鼓新场(今金沙)的建议,与会多数都主张打,只有毛泽东主张不打。他认为不能打固守之敌,不能啃硬的,应在运动中消灭敌人。会场争执不下,毛泽东以辞去前敌总指挥职务力争。

会议以少数服从多数,通过建议。晚间毛泽东劝阻周恩来缓发作战命令。第二天开会,说服与会者放弃进攻打鼓新场的计划。随后毛泽东以作战情况瞬息万变,指挥需要集中,提议成立三人团全权指挥军事。中央决定由周恩来、毛泽东、王稼祥组成新的"三人团",负责指挥红军的行动。15日,红军主力进攻鲁班场之敌第2纵队,因其3个师密集一起,攻击未能奏效,而援敌已经接近,红军遂转兵北进。

3月16日至17日,红军在茅台及其附近三渡赤水河,向四川南部的古蔺、叙永前进。蒋介石判断红军又要北渡长江,急令所有部队向川南进击,声称若再不歼灭红军,"何颜再立于斯世","剿匪成功,在此一举"。在敌人大军再次向川南集中之际,毛泽东等决定,乘敌不备折兵向东,在赤水河东岸寻机歼敌。为迷惑敌人,以一个团伪装主力,大张旗鼓向古蔺前进,诱敌向西。红军主力突然折向东北。

3月21日晚,红军主力分别经二郎滩、九溪口、太平渡四渡赤水河,从敌重兵集团右翼分路向南急进,令红9军团暂留马鬃岭地区向长干山佯攻,以吸引敌军向北。红军主力继续南进,突破敌军鸭溪、白腊坎封锁线,于31日渡过乌江,巧妙地跳出了敌人的包围圈,把敌人几十万大军甩在乌江北岸。

红军主力四渡赤水之后,以一部兵力佯攻息烽,主力进至狗场、扎佐,前锋直逼贵阳。正在贵阳督战的蒋介石十分惊恐,一面令各纵队火速增援

◀ 中国工农红军第一方面四渡赤水河示意图
▲ 毛主席指挥的"四渡赤水"战役
◀ 红军长征在丙安图

贵阳，一面令守城部队死守飞机场，并准备轿子、马匹、向导，准备随时逃跑。中央红军主力趁滇军东调增援贵阳之际，乘虚进军云南，并于5月9日渡过金沙江。单独活动的红9军团也由会泽以西渡过金沙江，不久与主力会合。

四渡赤水战役，是毛泽东根据情况的变化，指挥中央红军巧妙地穿插于国民党军重兵之间，灵活地变换作战方向，调动和迷惑敌人，创造战机，在运动中歼灭了大量国民党军，牢牢地掌握战场的主动权，取得了战略转移中具有决定意义的胜利，这是中国工农红军战争史上以少胜多变被动为主动的光辉战例。毛泽东曾说，四渡赤水是他一生中的"得意之笔"。

2005年，赤水市被列入《全国红色旅游精品线名录》中的"贵阳—遵义—仁怀—赤水—泸州"线路。赤水红军烈士陵园、丙安红一军团纪念馆、凤溪渡口红军四渡赤水纪念地、黄陂洞战斗遗址等四

▼ 赤水红军烈士陵园
▶ 丙安红一军团陈列馆

个景点被列入《全国红色旅游经典景区名录》。

赤水红军烈士陵园

位于赤水市城区南郊杉树坝，是全国第一个纪念"四渡赤水"战役中牺牲的红军烈士而修建的陵园，以其展现"四渡赤水"长征文化的真实性、完整性和独特性，是其他烈士陵园无可替代的。在建设过程中，杨尚昆、聂荣臻、张震等一大批党和国家领导人纷纷为陵园题词。

整个陵园建筑依山就势，环境优美，古木参天，庄严肃穆，由主体陵园（约21亩）、百竹园、香樟古树园三部分组成，有大理石碑记绘中央红军四渡赤水战役经过示意图一幅。在陵园陈列馆内有60幅图片，内容包括四渡赤水战役、领导人题词、红军标语及红军用过的武器弹药、赤水革命老区的历史等。

赤水红军烈士陵园是全国烈士陵园重点保护单位，于1998年4月被贵州团省委命名为"贵州省青少年教育基地"；2000年5月被共青团中央命名为"全国青少年教育基地"；2002年9月又被确定为"国防大学教学教育基地"。

丙安红一军团纪念馆（全国红色旅游经典景点）

丙安红一军团纪念馆位于赤水市丙安乡的丙安古镇内，是红一军团在全国唯一的纪念馆。

1935年1月25日，林彪奉命率红一军团部及红二师到达丙安古镇，将红一军团总指挥部和红二师师部设于丙安场上，指挥开展了著名的赤水黄陂洞、复兴场之战，同时，也揭开了中国工农红军"四渡赤水"战役的序幕。

风溪渡口红军四渡赤水纪念地（全国红色旅游经典景点）

风溪口距赤水城区18千米，位于赤水市复兴镇，地处赤水河与风溪河的交汇处。风溪口渡口还是1986年拍摄著名电影《四渡赤水》时，赤水河激战的外景地。

1935年1月26日，红一军团红二师在风溪口架浮桥渡河，向赤水县城推进，并在复兴场与川军激战。后接总部命令，于风溪口二次渡过赤水河，回丙安驻扎待命。

黄陂洞战斗遗址（全国红色旅游经典景点）

黄陂洞战斗遗址距赤水市区12千米，位于赤水市天台镇。

1935年1月26日清晨，红一军团红一师派遣部分红军化装成送铺草的老百姓，准备混入赤水县城，里应外合。但当红军到达距县城仅12千米的黄陂洞时，由于口音原因，被敌军盘查时识破，随即发生遭遇战。黄陂洞战斗过程十分惨烈，红一师三团伤亡严重，增援的敌军也越来越多，为了避开敌人优势力量，红军决定撤出战斗，另择通路。

红军在赤水县城附近遭遇川军堵截，特别是经过黄陂洞战斗，使得红军未能实现占领赤水及会师川西北的战略构想，是形成"四渡赤水"战役的一个直接的主要原因。

复兴场战斗遗址

复兴镇距赤水城区15千米，是赤水著名古商城，亦为黔北军事要塞。南宋苗民作乱，明代平播之战等都在此发生过战斗，清朝太平军翼王石达开过黔境入川，也曾先后两次攻占过复兴场。在进入复兴场的路口有一座雕塑，塑像下的石碑上刻着李鹏同志题写的"复兴场红军战斗遗址"。

1935年1月26日，红一军团的红二师在师长陈光、政委刘亚楼的率领下向复兴场开进，1月27日清晨，战斗在复兴场外的小山坡上打响，随后红军冲进复兴场内与敌军展开巷战，因敌军的大量增援，红军作战不利，遂主动撤出复兴场。

元厚红军渡

元厚渡口是红军一渡赤水时右路纵队的主要渡口。元厚镇距市区57千米，是赤水市的南大门。在元厚镇的赤水河边建有一座纪念碑，上刻"红军渡"三个大字，字体选用毛泽东手书体，是国家重点保护文物。

民族风情，多彩赤水

赤水是少数民族种类较多而人口较少的杂散居的县级市，全市有苗、仡佬、土家、壮、布依、满、蒙古、侗等25个少数民族。苗族是赤水少数民族的一个主体民族，人数较多，分布广。赤水市少数民族居住呈大散居、小聚居和居住在高山、半高山多，居住在河谷、平坝地区少的特点，其中居住比较集中的有大同镇民族村、葫市镇天堂村、天台镇铁匠炉村齐家山组、复兴镇凯旋村三组、葫市镇高竹村三组、元厚镇石梅村、元厚镇楠坪村中洞坪组、官渡镇窑厂村窑厂组、官渡镇金保村箐口组、石堡乡龙爪村马安石组等地。

赤水少数民族中，苗族是世居的一个民族，其人口相对较多，而其他少数民族绝大部分是从外地来的移民。

赤水苗族的习俗：

杨姓不吃猪心子。这是区别于其他杨姓和他姓的主要特征之一。关于禁吃猪心子，据说有一定的来历。相传，杨姓俩兄弟，均已娶妻安家。一天，哥嫂外出干活前，拿来一个猪心子，叫弟弟洗净后放在蒸饭的甑子下面的铁锅里煮熟，准备回来下酒。哥嫂干完活回来后，哥哥端开铁锅里的甑子，见铁锅里没有猪心子，他就问弟弟猪心子哪里去了，弟弟说还在铁锅里，于是两兄弟为此大闹一场。最后哥哥将锅里的水排干，见猪心子已粘到铁锅的底部。对于哥哥冤枉好人的行为，弟弟感到很生气。为此，他发誓从今以后他以及其后代决不吃猪心，以示对这一不公正行为的抗议。所以，他的后人按照他的誓言，禁吃猪心，代代相传，成了独特的习惯。

香火。境内苗族所供的香火是"棒棒菩萨"，在供"棒棒菩萨"前，要选好良辰吉日到山上砍一根茂盛的嫩杉树做成香火——"棒棒菩萨"，立于正堂屋的左侧面，"棒棒菩萨"的木棒头朝向下，

◀ 红军精神万古传

棒尖向上,棒头落入地面,棒尖靠拢堂屋的正梁处。在立"棒棒菩萨"时,需用已备好的刀头敬奉,并点上香烛、烧纸钱、敬酒,同时,祈求"全家平安,家庭和睦,年年发财"。

杀圈门猪。苗族杀圈门猪需选定良辰吉日,在确定吉日后,主人除了要作好相关准备外,还要请其家族及亲戚朋友来聚会,请本族屠夫杀猪敬神,并招待客人。杀圈门猪这天,由几人把猪赶到堂屋,需把主人所有大小门关好后,由主人示意,才把猪杀死刮洗干净,取其除猪心子之外的九种不同名称的猪肉,经过加工煮熟,盛在九个碗里,然后将碗放在圆形的簸箕内,由主人端在堂屋"棒棒菩萨"处,点上香烛、烧纸钱,作酒敬奉神灵,感谢神灵对家人的保佑。仪式完后,主人就请客人与其一起同餐,对于其他族别的人,也可以同其桌享用,但不准说汉语,否则,是对神的不尊敬,得罪了神,主人得另定时间,另杀猪来敬奉。

打母猪鬼。打母猪鬼的目的与杀圈门猪不同,主要是祈祷神灵保佑苗族先民们摆脱困境,全家平安,人财两旺,一切顺利。打母猪鬼也要选择良辰吉日,请来家族和亲戚朋友,将已经不再产仔并阉割后喂肥的母猪赶到堂屋,关好大门,用绳子把猪捆起来,由本族道士设案香,祈告等仪式后,把猪杀死,刮洗干净,割成13块来敬奉神灵。礼毕,还要招待客人吃一顿,本族的主要亲友在离开时,主人还要送上三五斤猪肉给客人品味,记住有其今天是祖先们舍生忘死而换来的,需要备加珍惜。

婚礼芦笙舞,也称喜事芦笙舞,是苗族人民在婚嫁仪式中所进行的一种舞蹈。苗族的亲事一般要经过求婚、定婚、做香、结婚四个程序。在前三个程序,可以不用芦笙,结婚时则要进行芦笙舞。在接亲正期的头一天,由接亲人、媒人、新郎、新娘、押礼人(即歌手,可用唱或吹芦笙方式进行)等十多人到女方家接亲。到女方家院坝外,男方押礼人就唱(吹)"交鸡歌",女方押礼人对唱"接鸡歌"将鸡一对接过手。到女方大门口,男方接亲人必须饮酒方能进堂屋,进屋后,女方押礼人吹着芦笙走到客人的前面,引着到屋镶好的两张方桌的下方左侧角以逆时针方向转到上方。客人们再按顺时针方向依次入坐。女方押礼人唱着歌向男方客人一一敬酒。敬酒完后,主人会客,向客人装烟沏茶,逐一见面,表示敬意,客人就可离席休息。此时,客人聚在一起,往往要求男方押礼人吹芦笙舞,为婚礼助兴,表达对婚姻的圆满、和谐的祝贺之意。因是在女方家,一般先由男方押礼人献艺,接着将芦笙交与女方押礼人,后者步其韵,从之而舞,曲调优美,舞姿轻松,其景其情颇具异趣。

赤水市少数民族的传统节日主要有踩山节、火星节。

踩山节是市内苗族人民自己最传统最隆重的主要节日,也是苗族先民留下来的传统文化。该踩山节地点在大同镇民族村大石盘的踩山坝上,活动时间是每年农历正月初二至初六,其活动主要有三个程序:1.立登杆(也称立花杆)。登杆多以苦竹为主,一般是正月初二清晨由会首（主持人）上山选较大而无弯曲去叶不去枝的苦竹。选好苦竹后，及时扛回，设香案敬奉祷告一番，然后才扛到踩山坝的中央。立登杆时，杆的顶端用块小椒塔成一个三角形顶蓬，蓬下点着一盏油灯，灯的下半部系着各种不同颜色的彩线，随后，才将灯登杆竖于事先已确定的踩山坝中央的某个位置。立好后，会首将供奉的物品置于竹杆脚下，点燃香烛敬奉一番，以求保佑苗家人畜兴旺、村寨安宁，来年五谷丰登、家和人兴。2.歌舞表演（又称踩山芦笙表演），这是踩山节中组成的重要部分，更是节日活动最隆重、最热闹、最精彩的场面。正月初二这天早上，姑娘们早早起床，梳妆打扮，身着民族盛装，头戴数枚铜小钱缝成的帕乐，耳系银钏耳环，手戴银戒指，腕套手圈或各种手镯，脚穿轻便绣花鞋，邀约小伙子们一同前往。小伙子们也忙得不亦乐乎，在身穿民族盛装、脚穿

▼ 苗乡人家

草鞋、背上芦笙牛皮鼓、手拿竹箫、竹笛乐器,同姑娘们一起欢声笑语地来到踩山坝。此时,会首宣布活动开始。顷刻间,苗族青年吹起芦笙、竹箫、竹笛、木叶,奔放起舞,姑娘们手拉着手,围着竹杆,跳起舞,与小伙子们对歌盘唱,互交情谊,未婚男女青年更是避开众人的耳目,互送礼物,互诉衷肠,双方情投意合终成眷属,共享美好的未来;长辈们蹲石而坐,促膝谈心,论及生产,拉扯家常;大嫂抱着孩子、婆婆领着孙辈,人们带着笑容,缓步前行,走到登杆前"捏榜"(手握竹杆)敬拜。这一天,其他各族人们,也身着盛装艳服,从四面八方赶来,聚集在踩山坝上,与苗族男女青年同欢共舞,纵情歌唱,共享欢乐的节日。3.例登杆(又称移交苦竹杆,此只是一种仪式,第二年则要另选苦竹杆),是以正月初二立登杆之日起,相隔三日(即正月初三、初四、初五)之后,就是正月初六。在初六清晨,由来年接管的会首,带上香烛、钱纸及酒肉到杆下烧钱化纸敬拜之后,将苦竹杆取下运回家中,存放于房前屋后干净之处。第二年又上山另砍一根新的苦竹代之。登杆取走后,即宣布本年踩山节活动全部结束。

火星节,又称"砍芭茅",是苗族的主要节日。其活动时间是因各宗族的情况而各异,如王、杨两姓是在每年农历九月十九日,熊、马、侯三姓是在每年农历八月二十七日。在火星节前夕,要先举行"露茅"活动,在正式举行活动的当天,需请苗族道士设案焚香,待一切就绪后,就到房屋的正古方选择一块适当的地方,然后把这个家族的人们喊来坐在这块土地上,道士祷告完毕,便举起事先备好的刺树,端着已做了法事的敬水碗,从容地绕着人群转三圈(以顺时针方向转动),接着用五色线连成一条线,又走到人群中间,同样同方向转三圈,转动时要举起刺树,端起敬水碗。当三圈转完后,便抽出刀割断五色线,最后又举起刺树绕人群转同样多的圈数,于是把刺树插在地上,在"芭茅"下转圈,此时转圈不计圈数,在转到一定圈数后,便用刀砍断芭茅,于是就可以看茅上吉凶情况。如吉利,就不做道场,可到此结束;若有凶,道士就要做道场,化凶为吉,以保平安,待做法完毕后,火星节才结束。

▲ 非物质遗产——独竹漂

游览赤水

大同—丙安园区
两河口—元厚园区
国家级风景名胜区

佛光岩景区
国家级风景名胜区的重要组成部分。以丹霞崖壁和丹霞石峰景观最为典型，此外还有多处明显的交错层理、古崩塌堆积等景观

桫椤—竹海景区
以"古生物活化石"桫椤为主体景观，此外还有各种类型的翠竹、多级瀑布、断崖绝壁、古崩塌体

仙鹤沟景区
以仙鹤峰最具代表，此外还有风景优美的众多水体地貌

国家地质公园园区
桂圆林景区
古崩塌体形成的丹霞石林，包括一些象形丹霞地貌景观

赤水丹霞国家地质公园涉及元厚镇、丙安镇、大同镇、两河口乡，根据公园内地质遗迹景观和其他景观资源的自然组合、空间分布、地理地貌环境及行政区隶属，以及公园景点结构的完整性，地域组合特点，旅游组织的合理性和保护管理的可操作性等因素，公园划分为大同—丙安园区和两河口—元厚园区。大同—丙安园区，区域东西长1.10～20.74千米，南北宽1.28～7.16千米，地理坐标东经105°37′38″～105°51′50″，北纬28°24′37″～28°29′29″，面积70.86平方千米；两河口—元厚园区：区域东西长0.67～15.93千米，南北宽1.33～9.60千米，地理坐标：东经105°46′20″～105°56′14″，北纬28°16′37″～28°22′42″，面积63.71平方千米。

赤水旅游资源非常丰富，国家风景名胜区除了国家地质公园园区外，还包括赤水大瀑布景区、燕子岩景区、佛光岩景区、桫椤—竹海景区、仙鹤沟景区等。

大同—丙安园区

面积71.03平方千米,以丹霞地貌、瀑布景观、孑遗植物为特色,包括丹霞崖壁(丹霞石刻)、丹霞石柱(三尊佛)、天生桥(丹霞石拱)、瀑布景观(四洞沟瀑布群、百丈五连瀑、杨家岩瀑布等),此外还有丙安古镇、四渡赤水等历史人文景观资源,是集科普科教、自然观光、人文熏陶为一体的园区。园区按照自然景观集中分布特性、行政区划等划界依据,共划分为3个景区,分别为四洞沟景区、杨家岩景区、丙安景区。

四洞沟景区

位于大同河支流畔闵溪沟谷,距市区15千米,属大同镇所辖,因溪内四级瀑布而得名四洞沟。以四级瀑布群及遍布闵溪流域的竹林、桫椤、溪流、碧潭、滩涂、丹崖等立体生态景观为主,景区面积14.98平方千米。此外,还包括丹霞负地貌——天生桥,小型构造(波纹石、X形节理)等。

春夏雨季,20多个形状各异的瀑布从两侧山体间飞落而下,颇为壮观。国务院旅游资源考察团的专家称之为:"万竹之园"、"小家碧玉"、"没有败笔的景区"。

天生桥

山体或石墙两侧的同一层位都有额状或水平洞穴发育,有可能把山体或石墙蚀穿,形成穿洞。穿洞继续受到风化剥蚀及洞顶崩塌,继续增高、扩大,当穿洞的高度大于顶上的岩层厚度时,则成为

▲ 渡仙桥
▲ 大同—丙安园区景点分布图
▶ 波痕石
▶ 崩塌堆积体

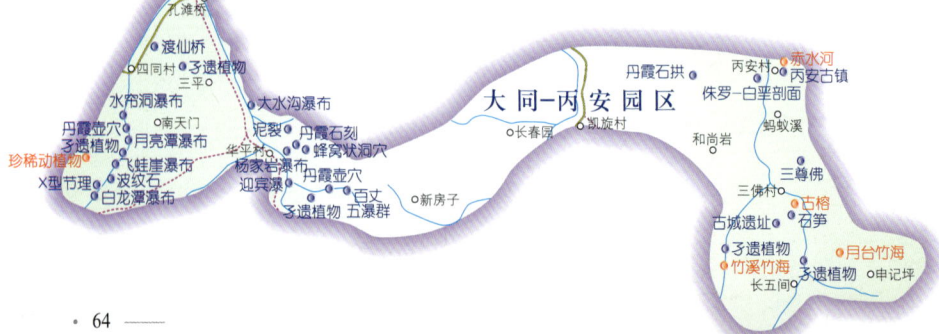

风化天生桥。流水沿垂直节理或巷谷在一定部位汇聚而顺岩层的某一薄弱地带侵蚀穿透山梁,不断侵蚀扩大并可能伴随一定崩塌,则发育侵蚀穿洞。陡崖坡上水流沿节理渗入岩体内并从下部的隔水层渗出,使节理外侧下部的岩体被侵蚀、溶蚀形成穿洞,再经崩塌、风化,也可使上部的岩体悬空成为天生桥。

波痕

波痕是浅海、河湖古环境的一种小型地形特征,有尖波峰、圆波谷,坡度对称组成连绵波浪状,是典型的沉积构造之一。非黏性物质(陆源砂、碳酸盐砂)在波浪、水流或风的作用下,其表面形成波状起伏的痕迹。

水流波痕能较好地反映出形成的水动力条件。一个波痕由一个波脊和一个波谷组成,同一种波痕一般成组出现。通常出现于岩层的顶面,并可在上覆岩层的底面上留下印痕,因此,也可利用波痕来决定岩层的顶底面。

崩塌堆积体

崩塌的堆积体成因是:丹霞岩层受地质构造应力作用,常发育有不同走向的垂直于岩层界面的节理裂隙,使岩层被切割为块状。在深切的河谷地带,

岩层由于河流的下切作用，形成陡崖。在后期风化剥蚀、流水侵蚀等外动力作用下，使得岩石节理裂隙继续生长发育并贯通，在下部失去支撑的情况下，上部岩石因自身重力作用而崩落，堆积于陡崖下形成不规则的巨石堆。崩塌堆积的红色碎屑岩岩石块大小不一，单块巨石大可至上百方，在陡崖坡下，这些崩积岩块往往构成坡麓崩积锥或崩积带。

交错层理

交错层理由一系列斜交于层系界面的纹层组成，斜层系可以彼此重叠、交错、切割的方式组合。其特点是细层理大致规则地与层间的分隔面（主层理）呈斜交的关系，上部与主层理截交，下部与主层理相切。这种层理是由沉积介质（水流及风）的流动造成的。当介质具有一定流速时，底床上可以产生一系列的砂波，这种砂波顺流移动，在陡坡加积作用一侧形成了由一系列纹层组成的斜层系。斜层系互相平行或彼切割构成不同形态的交错层理。纹层倾向表示介质流动方向，利用斜层理的倾向也可以了解沉积物的来源方向。

斜层理

层理是指岩层中物质的成分、颗粒大小、形状和颜色在垂直方向发生改变时产生的纹理。通常情况下，层理是近于水平的。但在沉积过程中，由于沉积环境的变化，岩层中相同物质的排布大致规则地与岩层间的分隔面呈斜交的关系，形成斜层理。四洞沟景区的斜层理中的倾斜方向指示了古地质年代中水流的下游方向，也可据此推测当时的古气候环境。

钙华

钙华通常是在碳酸盐岩地貌中发育的一类景观，是由于含碳酸氢钙的水接近或出露于地表时，因二氧化碳大量逸出而形成的碳酸钙壶穴沉积物。景区内在碎屑岩地貌中形成钙华现象，可能是由于组成岩石的矿物为方解石类物质，地表水在适宜的环境下，同时在植物作用共同影响下，导致碳酸钙过饱和而沉积。整个钙华长约1米、宽10厘米，近乎垂向发育。

水平层理

水平层理是三种常见层理的基本形态之一（三种常见的层理是水平层理、波状层理和斜交层理），又称水平纹层，其特点是纹层呈直线状互相平行，并且平行于层面。说明沉积环境相当稳定，是在比较稳定的水动力条件下，物质从悬浮物或溶液中沉淀而成的。层理的显理是由于进入沉积物种的物质发生变更所致，如粒度的变化等等。水平层理多形成于河湖等深水地带，景区内的是水平层理倾角15°，长约4.5米，层理细密，单层最细处仅1毫

米，反映出当时形成的古环境特点。

水帘洞瀑布

四洞沟瀑布群的第一个瀑布，当地人称瀑布为"洞"，所以四级瀑布就称为"四洞"。四洞沟瀑布群均是发育在中生代白垩纪嘉定群中厚层砂岩上的瀑布，在垂直的节理裂隙及河水溯源侵蚀等共同作用下，河床岩石崩塌形成凌空面，河水由凌空面跌落而形成瀑布景观。水帘洞瀑布是单级帘状瀑布，瀑布宽37.5米、高31米，瀑布倾泻而下如白纱珠帘悬挂石壁，瀑布后有一空穴，洞高约3米，游人可穿行而过，故名"水帘洞"。

月亮潭瀑布

四洞沟瀑布群的第二个瀑布，又称"二洞"。月亮潭瀑布是单级帘状瀑布，瀑布宽42米，高10米，呈弧形状。远看秀美得如同一把向下的弯形银梳，梳背就是瀑面，向下呈均匀状分布的银色

◀ 斜层理
▲ 水帘洞瀑布
▲ 月亮潭瀑布

▲ 美丽的月亮潭
▼ 壶穴群
▶ 飞蛙崖瀑布
▶ 白龙潭瀑布

细流，像若干梳针。细看又像偃月缠云，如珠帘振荡，秀丽动人，具有较高的观赏价值。其下，瀑布水面开阔，形成深潭，面积达3000平方米，最深处水深达10米。

壶穴

月亮潭瀑布上来开阔的台地上能看到集中的壶穴群景观。壶穴是急流中携带砂砾石磨蚀河床而产生的圆形凹穴，因急流中常有涡流伴生，砾石便挖钻河床，河流中构造破碎带、岩性软弱处或跌水的下方，在水流的磨蚀作用下，往往形成很深的坑穴。由于水流中携带的砾石对坑穴的侧壁进行不断刮擦，使得坑穴壁光滑如镜，其形似井，地貌学上称之为壶穴。此处壶穴形状多样，包括圆形、串珠形、不规则形等，最大处直径达1米，最小处直径仅10厘米。壶穴中相互叠套的景观现象十分普遍，说明其是在不同时期、不同的水动力作用下形成的，目前部分壶穴还处于不断生长演变的环境中。

飞蛙崖瀑布

四洞沟瀑布群的第三个瀑布，又称"三洞"。飞蛙崖瀑布也是单级瀑布，但因中间有一巨石凸出而呈两股瀑布流下。瀑布高26米，整体宽43米，因巨石形状酷似跳跃的青蛙而得名。岩壁高约30米，下部因有崩落的巨大岩石而形成跌水，底部的软弱夹层受差异风化剥蚀而形成空腔，空腔长约50米，最高处仅50厘米，其下水平层理发育。

白龙潭瀑布

白龙潭瀑布是四洞沟瀑布群的最后一个瀑布，又称"四洞"，也是整个瀑布群中最大的一个瀑布。白龙潭瀑布是四洞沟瀑布群中唯一的一个梯级瀑布，瀑布高60米，宽23米。由于岩石不同期的构造抬升和差异风化，同时受瀑

布水流不断溯源侵蚀，形成不同的梯级，丰水季流量可达1000立方米/秒，百米外即可感受到溅落其下喷出的雾气，下部因有崩落的碎石而形成跌水。瀑布倾泻而下，瀑声如雷，飞珠溅玉，银光闪烁，形如蛟龙，气势恢宏，动人心魄，故而得名。

功德碑

功德碑是为纪念和歌颂当时村民集资修建桥梁的善举而建的，此桥也因此被称作"乐善桥"。乐善桥是清宣统年间由当地两百多村民共同集资而建的，功德碑建成于清宣统辛亥年九月下弦。

桫椤林

四洞沟景区分布有茂盛的原生桫椤林，桫椤又名树蕨，是白垩纪时期遗留下来的珍贵物种，距今约2亿多年，也是现存唯一的木本蕨类植物，隶属于较原始的维管束植物——蕨类植物门（Pteidophyta）桫椤科（Cyatheaceae），属国家二级保护植物。桫椤是研究植物形成，植物地理学及地球变迁的好材料，素有"活化石"之称。

桫椤无性繁殖（孢子性繁殖）不开花、不结果，树干外皮坚硬，花纹美，叶顶生羽状。桫椤含有淀粉、单宁；淀粉是很好的绿色食品，单宁入药可治肺结核、风湿等疾病。桫椤生长缓慢一般植株4～6米，最高可达8米，每年抽发新叶2～3轮次，每轮次抽发12～18片不等，生长速度与空气湿度、土壤状况的不同而差异较大，一般每年可长高3～10厘米。

桫椤为半阴性树种，多生长在海拔500～800米间，喜温暖潮湿气候，不受阳光直晒的林下地带和山谷溪边等地，是一种很敏感的指示性植物，环境一旦破坏就随之消亡。景区内的桫椤能看到单叉、双叉、三叉和四叉的类型，同时四叉型的桫椤也是目前所发现的桫椤中分叉最多的一种类型。

千年古镇大同

大同场原名"大洞场"，命名、设场始于清代，因附近多激流飞瀑且古汉语称激流为"洞"而得名；因位于川黔接壤区域、商贸活跃而设场市。大同场前的大同河水域可通机动船只，后有可出黔入川的赤叙公路，东西有牛鼻山、洞坝山为屏。场镇依山临水就势修建，房屋串架紧连延展、相对一字排开。街房、宅居多为清代和民国初期的建筑，且多为"吊脚楼"、木串架结构、小青瓦面、平房、一楼一底一

阁楼，少数为杉皮、草盖屋面或砖木结构。主街由下码头、平街、沙湾组成。街面均为条石面板，宽3～5米，全长610米，弯曲起伏，宽窄不一。场镇内规模较大的建筑主要是建于清代的天后宫、禹王宫、万寿宫、王爷庙等庙宇；列入省级重点保护文物的名胜古迹有"清朝议大夫陈贡珊碑"等。

◀ 郑氏节孝坊
▲ 桫椤
▼ 乡宴

　　大同场的历史，众说纷纭，莫衷一是。一说有千年之久，依据是距大同场不远有马鞍山汉代古岩墓群，而大同场适宜先民聚居、生产和生活，推断形成于公元25年（东汉光武帝刘秀时代）前后，至少有近1900余年的历史。一说是据史载赤水始设县治于公元1109年（北宋大观三年），大洞场极可能出现，大约有千年历史。一说是史书没有记载大同场命名、设场的确切日期，故可能是1658年（清顺治十五年）清军攻陷遵义府后随州县属清而设场命名，少说也有近400年的历史。还有一说似乎也有道理，称180年前，一个姓曾的人游说300户川民迁移至此定居，也就出现了大洞场，时间在1820年间（清道光年间）。大洞场已申报省级重点保护历史

文化古镇。

　　大同场自古就是川黔接壤区域重要的物资集散地，商贾云集，经贸活跃，历史文化底蕴深厚，古代曾产生过曾蟾光、陈贡珊、黄三之、张朝阳、张素莲等许多对这一区域有较大影响的知名历史文化人物，流传着"曾神仙神算一碗水"、"陈朝议平匪保民"、"黄诗翁寄情山水"、"郑烈女受皇恩建牌坊"、"点翰林愤世倒观音"等脍炙人口的动人传说；也曾有过1862年太平军石达开一部与清军激战大洞场，1935年3月10日红军游击队袭占区公所等战斗故事。

　　大同场虽然并不宽大，居民在一步之遥串房结庐相对安居，一家炒菜四邻皆得其味，一户谈笑邻里皆闻其声，但当你一踏上这里的街面时，就会为脚下被一代代人的双足磨去棱角、磨出凹凸槽的条石街面而感慨不已；就会为场东场西的几株百年老榕树历尽风雨沧桑而遐思无限；更会为雕梁琢石的精湛工艺和谦和淳朴的民俗民风而油然生敬。

▼ 悠悠石板路
▶ 古镇春色

杨家岩景区

泥裂

泥裂是指泥质沉积物或灰泥沉积物,暴露干涸、收缩而产生的裂隙,在层面上呈多角形或网状龟裂纹,裂隙成"V"形断面,也可呈"U"形,可指示顶底面。裂隙被上覆层的砂质、粉砂质充填。泥裂又称干裂、龟裂纹。

X形节理

X形节理指岩石受剪切应力破裂形成的裂隙。能切穿岩石中的砾石、结核和岩脉等,节理面光滑平直通常是闭合的,延长较远。剪切节理多成群出现,构成平行排列或雁行排列的节理组或由两组剪切节理形成共轭的X形节理。

天生桥

天生桥顾名思义就是天然形成的丹霞石拱桥,是丹霞负地貌类型之一。在石墙两侧统一层位通常都有额状或水平洞穴发育,有可能把石墙蚀穿,形成穿洞。穿洞继续受水流侵蚀、风化剥蚀及重力崩塌等作用,继续增高、扩大,当穿洞的高度大于顶上的岩层厚度时,则形成风化天生桥。此处天生桥景观,桥高距底面2米,桥身近水平,是横跨沟中之上的天然悬空体景观。其洞底阴暗处环境潮湿,蕨类植物覆盖密集,也有桫椤生长。

崩塌堆积体

丹霞岩层受地质构造应力的作用,常发育不同

▲ 泥裂
▲ 天生桥
▶ X形节理
▶ 卧虎石
▶ 绿野红石

的垂直于岩层界面的节理裂隙,使岩层被切割为块状。在深切的河谷地带,岩层由于河流的下切作用,形成陡崖。而后期的风化剥蚀、水流侵蚀等外营力地质作用,致使岩石节理裂隙继续生长发育并贯通,在下部失去支撑的情况下,上部岩石因自身重力作用而崩落,堆积于陡崖下形成不规则的巨石堆。崩塌堆积的红色碎屑岩石块大小不一,此处最大的崩积物可达50立方米,最小的直径仅几厘米。

迎宾瀑

迎宾瀑是观音沟瀑布群中第一个瀑布,瀑布发育于观音沟沟口位置,此处岩体发育两组节理,一组垂直,一组倾斜,两组节理在此相交,节理面光滑平整,沟中水流流经此处,形成瀑布,宛若银珠帘幕,为游客的到来奏出欢快的音符,故称"迎宾瀑"。瀑布水量受季节影响明显,但终年不枯,丰水季瀑布悬挂整个岩壁,瀑布高约8米,宽可达15米。晴天丽日的时候,瀑布下还能看到彩虹环绕,有时还能看到"佛光环"的奇景。

犀牛潭

犀牛潭位于观音沟瀑布群入口处,潭深1~2米,是瀑布水流下游汇水面积突然增大而形成的潭。瀑布下部巨石堆积,形状酷似一头犀牛低头饮涧,故名犀牛潭。关于犀牛潭的另一个来历,当地还有一个传说。相传赤脚大仙有一坐骑,名叫青犀,此青犀十

▲ 杨家岩
▼ 红石野谷景观
▼ 壶穴
▶ 一线天瀑布
▶ 织女瀑布

分调皮，特别喜欢在天边的圣水池里沐浴，这圣水池是天庭众仙沐浴的地方，它只是一个小小的坐骑，并没有资格到圣水池去沐浴，但它仗着赤脚大仙对它的宠爱，不把天条放在眼里。此事激怒了众仙，终于有一天，众仙将此事告到王母那里，王母降下旨来，命天兵天将捉拿青犀，赤脚大仙为保青犀性命，将它锁住，不许它再胡闹。没想到青犀非但没被看住，还打伤了看管它的仙童，逃下凡间，因赶路太急，口干舌燥，见这里溪水清波碧绿，景色秀丽，胜似天上的圣水池，青犀便忍不住跳进溪中沐浴饮水；天上王母得知青犀逃走，还打伤了仙童，非常恼怒，将青犀化成石头永远卧在这里。犀牛潭便因这个故事而得名。

岩腔

岩腔是出露于地表的软弱岩层，在后期由于受风化剥蚀和流水溶蚀等外动力不断作用而形成的空腔。此处岩腔由于软硬岩层互层发育而呈上下三级分布，含泥质成分的软弱岩层较硬质的砂岩更易风化形成空腔。上部岩腔的发育近水平，厚20厘米左右，长可达5米，下部形成较大的空洞，软弱物质已被流水带走。

壶穴

壶穴是急流中携带砂砾石磨蚀河床而产生的圆形凹穴，因急流中常有涡流伴生，砾石便挖钻河床，河流中构造破碎带、岩性软弱处或跌水的下方，在水流的磨蚀作用下，往往形成很深的坑穴。由于水流中携带的砾石对坑穴的侧壁进行不断刮擦，使得坑穴壁光滑如镜，其形似井，地貌学上称之为壶穴。此处壶穴形状多样，包括圆形、阶梯形、不规则形等，目前部分壶穴还处于不断生长演变的环境中。

佛头瀑

佛头瀑是发育在红色碎屑岩基岩上的二级瀑布，佛身为基岩，佛头是一古崩塌体，由工匠巧

奇形怪状的丹霞岩石飞泻下来,形成许多形状各异的瀑布,而且一年四季流淌不断,远观酷似织女在织布,神秘而美丽,让人赏心悦目。

高山流水瀑布

赤水又称为"千瀑之市",瀑布处处各异,自有一番别样风情。此处瀑布景观是发育于观音沟沟谷中的梯级瀑布,水流量较小,由于上部岩面宽阔平坦,瀑布沿红色碎屑岩基岩呈多股流下。此景此情,让人不自觉地想起伯牙、子期高山流水遇知音的佳话,耳边回荡着"山高水长"的千古绝唱。

手雕刻而成。大佛形似端坐修禅,静听禅音,潺潺如乐。瀑布单级瀑高约7米左右,丰水季瀑布水面宽可达1.5米。

百丈五连瀑

在近100米的高差区域内,自上而下分布着5级主要的瀑布,依次为:一线天瀑布、织女瀑布、高山流水瀑布、百叠泉瀑布、攀岩瀑布,沿峡谷北侧顺层而下。

一线天瀑布

一线天瀑布是发育于观音沟沟谷中最窄的单级瀑布。在流水不断溯源侵蚀和岩石重力崩塌等共同作用下,形成凌空面,河水由凌空面跌落而形成瀑布景观。一线天瀑布高悬于沟谷中,瀑布高15米,宽在30～50厘米之间,直直地由崖顶飞泻而下,从下向上望,像一条笔直的水柱直插云霄。下部由于有崩落的碎石而形成多级跌水。

织女瀑布

织女瀑布呈重叠式,溪水从很多

攀岩瀑布

攀岩瀑布是发育于观音沟沟谷中的梯级瀑布，瀑布沿沟谷左侧倾斜而下，由于岩层水平面伸展长短不一，瀑布呈三级流下，整体瀑高达10米，瀑宽由于受两侧岩石发育所限，宽仅1米左右，瀑布的形状就好像运动员在攀岩一样，瀑布从顶上一级一级顺着断岩跌入深潭之中，攀岩运动员则层层向上，因此得名为"攀岩瀑布"。瀑布下游基岩河床上，可看到由于水流携带碎石不断磨圆基岩软弱面而形成的壶穴景观。

鹅掌楸

鹅掌楸别名马褂木，落叶乔木，树皮淡灰色，光滑，单叶互生，上部截形或微凹，两侧各具一凹裂，形似马褂，叶形奇特，为世界著名的庭园观赏树种之一，是良好的庭荫树和行道树。鹅掌楸叶、根、树皮均可药用，有养胃、健脾的功效。

鹅掌楸喜在温暖湿润气候、海拔500～700米处生长，与各种阔叶树混生，木材淡红褐色，纹理清晰，结构细致，树干锯开成铜钱状，当地村民用于发酵豆豉用，又叫它豆豉叶。

观音岩与观音瀑

观音瀑是发育于观音沟沟谷中最高的一处单级瀑布，瀑布高近30米，丰水季宽可达3米。瀑布发育在丹霞岩壁之上，整个崖体高30米左右，与地面垂

直壁立,岩壁沿北北东向南西向呈弧形展布,弧度255°。由于瀑布的存在和不断溯源侵蚀后退,使得与瀑布直接接触的岩石遭受不断地侵蚀而优先后退,岩石被侵蚀后,瀑布两侧的岩石因压力的释放而沿垂直节理面发生频繁的重力崩塌,其高度和深度等方面逐步扩大,最终形成现在的规模。崖壁下部软弱夹层较发育。

竹林

赤水是"中国竹子之乡",竹子由楠竹和杂竹两个部分组成,在杨家岩景区我们能见到的竹子品种就有20种以上,竹子属单子叶禾本科植物,喜在温暖潮湿的气候生长,主要分布在低纬度的热带和亚热带季风气候区。

依生长型态分类,分为散生与丛生,散生类如楠竹、苦竹,它的茎生长于地下,新竹子再从这些地下茎由另一地方冒出来,所以新的竹子会长在老

◀ 高山流水瀑布
◀ 百叠泉瀑布
◀ 攀岩瀑布
▼ 竹林风光
▼ 茂密的毛竹

竹子附近，看起来一根一根独立生长。

丛生类也就是杂竹类，如慈竹、绵竹、斑竹、西风竹等，它是新的竹从老竹子的杆根茎侧芽长出来的，所以看起来是聚在一起，一丛一丛的。竹子的生长非常快速，1天能长1米，仅两三个月完全发育，以后便不再长高或长粗，永远保持这种大小一直到枯死。

丹霞石刻

2010年8月，赤水丹霞成功申报世界自然遗产，成为"中国丹霞"6个遗产所在地之一。2012年4月又获得第六批国家地质公园资格。

"丹霞"是我国地质地貌学家在20世纪20年代命名的一种红层地貌类型，是一种形成于陆内坳陷或断陷盆地巨厚沉积岩上的地貌景观，主要由厚层红色砂岩和砾岩组成，反映了干热气候条件下的氧

▼ 丹霞石刻
▶ 杨家岩雄姿
▶ 龙头石

化陆相河湖沉积环境。这些沉积层经历了区域地壳抬升、剧烈的断裂活动、流水的深度切割侵蚀、风化和溶蚀等作用,塑造了崖壁、石峰、石柱、顺层凹槽等有着极大观赏价值的绝妙景观。

大型单体洞穴

属于丹霞洞穴的一种,在丹霞地貌区非常普遍,是在水流侵蚀、风化、崩塌等多种因素共同作用下形成的,与喀斯特洞穴完全不同。

位于杨家岩景区的丹霞石刻,发育在白垩纪嘉定群砂岩地层上,被誉为丹霞地貌崖穴的代表性景观。穴顶至穴底最高处达16米,穴长110米,深约10米。穴中绝壁上,有大面积天然形成的蜂窝状、水纹状蚀痕,再加之整个岩穴色泽红艳,间插着斑驳陆离的铁青色苔迹,更显出岩穴的古老与美艳。中国丹霞地貌专家黄进考察评价为:"天然石刻,奇妙无穷,举世罕见。"

▲ 上学去
▲ 红石滩
▼ 双龙八墩桥
▶ 玉瓶岩瀑布

而起20多米高的木柱串架吊脚楼，青瓦盖顶、木板墙、连户共壁，鳞次栉比的市井民居。辟建出平直弯曲相宜，高低起伏有致的石板街巷；在场内东、西、南、北四个方位依次砌石为墙、垒石为门，建造出"东华门"、"太平门"、"奠安门"、"平治门"等四道寨门，形成了一个军商兼用、宜守难攻的古屯堡，既利商贸交通运输，又利客货安全保障。古场镇建筑是运用建筑学、力学等综合建筑技术的杰作，体现赤水河流域先民的精湛技术和智慧匠心，反映丙安古代建筑技艺，沉淀着古镇人的聪明才智。民居建筑历数百年的风雨洗礼，仍呈现出鲜明的金黄色木纹，颇具川南黔北民居特色、古风犹存。

双龙八墩桥

位于丙安古镇东华门下，横跨丙安河，全长约80米，桥墩最高处距河床约3米，为全石砌古桥。建设年代无准确记载，桥有八墩，每个桥墩朝向上游为三角形，便于分流洪水冲力；下游一侧为横截断面，利于泄洪。桥墩之上平置条形巨石为桥面。石桥中部两个桥墩上，各安砌有石雕龙头与龙尾；

化陆相河湖沉积环境。这些沉积层经历了区域地壳抬升、剧烈的断裂活动、流水的深度切割侵蚀、风化和溶蚀等作用,塑造了崖壁、石峰、石柱、顺层凹槽等有着极大观赏价值的绝妙景观。

大型单体洞穴

属于丹霞洞穴的一种,在丹霞地貌区非常普遍,是在水流侵蚀、风化、崩塌等多种因素共同作用下形成的,与喀斯特洞穴完全不同。

位于杨家岩景区的丹霞石刻,发育在白垩纪嘉定群砂岩地层上,被誉为丹霞地貌崖穴的代表性景观。穴顶至穴底最高处达16米,穴长110米,深约10米。穴中绝壁上,有大面积天然形成的蜂窝状、水纹状蚀痕,再加之整个岩穴色泽红艳,间插着斑驳陆离的铁青色苔迹,更显出岩穴的古老与美艳。中国丹霞地貌专家黄进考察评价为:"天然石刻,奇妙无穷,举世罕见。"

蜂窝状洞穴

顺层岩槽底部水平发育有众多大小均匀、密集相连的小型蜂窝状构造，状似一蜂巢。蜂窝状洞穴也是丹霞负地貌的一种类型，主要是由于后期的水蚀或风化作用不断剥蚀岩层表面而形成的，也有一种解释是在中生代白垩纪时期，一些小型软壳类动物死亡后沉积至此，此后由于受构造抬升作用，岩层出露地表，在风化作用下形成状似蜂巢的微型洞穴群。此处组合景点不仅具有极高的美学观赏价值，也是进行科学研究和科普教育的理想场所。

丙安景区

位于赤水市西南，距市区24千米，属丙安镇所辖，包括丹霞奇峰异石、丙安古城堡、红军长征遗址等特色景观，景区面积32.51平方千米。

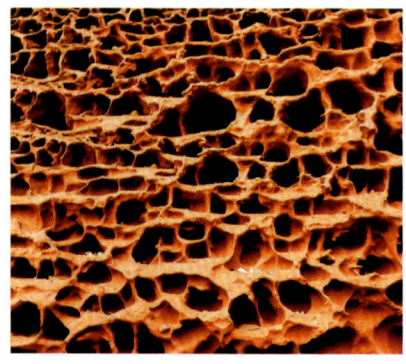

丙安竹海景区位于赤水河中游西岸，景区规划面积68平方千米，以古镇、竹海、瀑布、红军长征遗迹为主题，有丙安古镇、三尊佛、石笋峰奇峰异石景观和瓦店、清塘、月台、洞坪、竹溪竹海瀑布景观。丙安是贵州省历史文化名镇，历史文化积淀丰厚，明清代古民居风格十分浓郁。场内有"红军四渡赤水"时红一军团团部、红二师驻地、中共地下党川南工委、古蔺中心县委联络站址等红色历史文化纪念地。

◀ 金蟾石
◀ 波纹壁
◀ 蜂窝状岩壁
▼ 丙安古镇

丙安古镇

丙安古镇建于赤水河岸长逾百丈、险滩急流之畔、高达数十米的危岩巨石之上，占地4公顷。由于其所处的地理环境，坡陡沟深，迫于商贸水陆运输和军事的需要，采用颇具特色的木框架吊脚楼型建筑技术，在高出河岸20多米的山地，巧借山势，凿岩立柱，采用木、石建材，建造出一幢幢悬空

而起20多米高的木柱串架吊脚楼，青瓦盖顶、木板墙、连户共壁，鳞次栉比的市井民居。辟建出平直弯曲相宜，高低起伏有致的石板街巷；在场内东、西、南、北四个方位依次砌石为墙、垒石为门，建造出"东华门"、"太平门"、"奠安门"、"平治门"等四道寨门，形成了一个军商兼用、宜守难攻的古屯堡，既利商贸交通运输，又利客货安全保障。古场镇建筑是运用建筑学、力学等综合建筑技术的杰作，体现赤水河流域先民的精湛技术和智慧匠心，反映丙安古代建筑技艺，沉淀着古镇人的聪明才智。民居建筑历数百年的风雨洗礼，仍呈现出鲜明的金黄色木纹，颇具川南黔北民居特色、古风犹存。

双龙八墩桥

位于丙安古镇东华门下，横跨丙安河，全长约80米，桥墩最高处距河床约3米，为全石砌古桥。建设年代无准确记载，桥有八墩，每个桥墩朝向上游为三角形，便于分流洪水冲力；下游一侧为横截断面，利于泄洪。桥墩之上平置条形巨石为桥面。石桥中部两个桥墩上，各安砌有石雕龙头与龙尾；

▲ 上学去
▲ 红石滩
▼ 双龙八墩桥
▶ 玉瓶岩瀑布

龙头朝向丙安河上游方向,龙尾朝向丙安河与赤水河汇合处,名"双龙八墩桥"。

月台竹海瀑布,丙安沟内有大片楠竹森林,是赤水主要产竹林区之一,竹海规划面积68平方千米,内有三尊佛、石笋峰丹霞奇峰景观和瓦店、清塘、月台、洞坪竹溪林海、瀑布、水库景观。

三尊佛

公园内的象形丹霞在地貌类型上属于丹霞石柱,其高度大于直径,多呈方形或圆形,低矮者(小于直径)可称其石墩,是一种发育奇特的造型地貌,可以拟人、拟物,造型形象逼真,具有较高的观赏价值。三尊佛就是其中的典型代表景观。

赤水河风景河段景观

赤水河发源于云南省镇雄县境豆戛山箐。入贵州境后,经毕节、仁怀、习水县境,从元厚镇居士岩入境,由南往北在葫市小关子转西经复兴至切角垭转北,经赤水市城区后于鲢鱼溪入四川境,在合江县城南关汇入长江。

境内丙安以上属中游段,呈"V"形河谷,河床较狭窄,滩多流急。丙安以下属下游段,河床开阔,水流平缓,可通航300吨级轮船。标准水位最宽处约200米,最窄处约20米,河段落差67.2米,主要支流有枫溪河、大同河。因地势切割深,峡谷、陡崖与险滩急流多,形成较多的跌坎和瀑布,行船其上,可观赏到深切的峡谷及瀑布景观。

两河口—元厚园区

园区面积63.71平方千米,以丹霞地貌、瀑布景观、孑遗植物为主,包括丹霞崖壁(昌水岩)、丹霞石柱(翻天大印、外星人等)、丹霞石峰(十八罗汉拜观音)、瀑布景观(盘龙瀑布群、昌水岩瀑布、百丈崖瀑布、神仙椅瀑布等)、此外还有古崩塌堆积体、湖沼景观(玛瑙滩、百米大滩),丘原与峡谷组合形态的丹霞组合地貌,是集科普教育、自然观光为一体的园区。园区包括狮子岩和桂圆林两个景区。

◀ 三尊佛
◀ 美丽的赤水河
▼ 两河口—元厚园区景点分布图
▼ 狮子岩

狮子岩景区

位于盘龙河东侧,距市区27千米,属两河口乡所辖,主要包括各类型丹霞地貌景观、单级、梯级瀑布等,景区面积46.22平方千米。

峡谷地貌景观

赤水丹霞整体上为高原—峡谷型丹霞地貌景观,尚保留有较大面积连续平坦的高原面,四周有深切的V形峡谷分布,谷底狭窄,谷坡陡峻。晚古近纪以来,赤水经历了强烈的构造抬升和河流

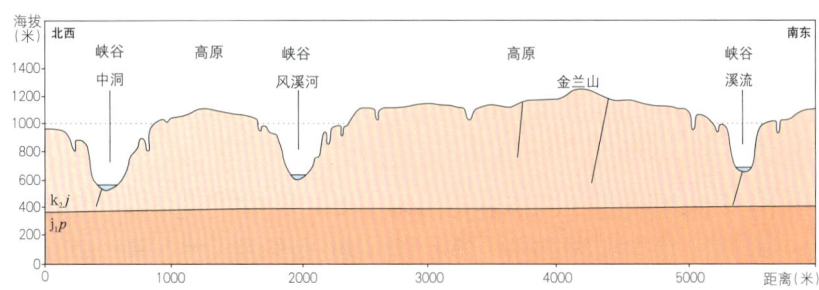

- ▲ 赤水的地形剖面图
- ▲ 峡谷地貌景观
- ▼ 昌水岩和昌水岩瀑布
- ▶ 三叠瀑
- ▶ 玛瑙滩

下切，形成现今陡峭的地形和近1500米的高差。上图展示了赤水南部地区峡谷地貌的地形剖面情况。

昌水岩

昌水岩位于两河口乡马鹿村沙坝头东，是典型的丹霞崖壁的代表。整个崖体相对高度近300米，与地面垂直壁立，壁面裂纹综合交错，通体色泽红艳，在阳光的照射下壁立千仞，灿若明霞。昌水岩恰好位于所处沟谷的地貌裂点上，由于瀑布的存在和不断溯源侵蚀后退，使得与瀑布直接接触的岩石遭受不断的侵蚀而优先后退，岩石被侵蚀后，瀑布两侧的岩石因压力的释放而沿垂直节理面发生频繁的重力崩塌，内凹的弧形陡坡初步形成。此后，随着溯源侵蚀的不断进行，裂点不断后退，弧形陡崖的高度和深度等方面均逐步扩大，最终形成了现在的规模。

昌水岩瀑布

位于昌水岩崖壁中央，呈一柱状瀑布，宽60多米，瀑布从山顶倾斜而下，落程达300～500米，倾流而下的瀑布水声如雷，宛若银蛇穿洞。此外，从地壳运动的角度看，昌水岩瀑布可视范围内呈5级梯度，每一级的高度因山体的高度不同而不同，水流倾斜而下，如天女散花，美不胜收。

赤水地处我国最大的川黔丹霞分布区，受构造抬升和河流侵蚀基准面下降的影响，河流下切强烈，原本连续分布的高原面正在不断解体之中，形成众多高矮不同、形态迥异的单级瀑布及最为壮观

的阶梯状瀑布群。

三叠瀑

由于构造的抬升，造成了基岩成不同梯度，水流在渗透性较差的岩石上受重力作用向下流动，形成高矮不同的跌水，在宽阔的台地上可看到3级梯级明显的瀑布，又名三叠瀑。

玛瑙滩

位于狮子岩景区，由于汇水面积增大，水流在宽阔台地处不断向外延伸，形成潭。下部基岩物质中由于铁质含量较高，在空气和水的共同作用下，逐步氧化，形成赤红色基岩，在阳光的照射下，像散落了一地的珍珠，色彩斑斓，故名玛瑙滩。

百米大滩

位于狮子岩景区，河流冲刷过的白垩纪砂岩整体宽近50米，长度延伸近千米，由于汇水面积增大，水流平铺其上，形成河滩景观，与两边的绿树交映成趣，具有极高的游览价值。

百丈崖瀑布

百丈崖瀑布位于后河南部赤水河支流处，由于瀑布位于上游河段，水量较为充沛，丰水季瀑布宽可达20米，枯水季也可达10米以上，瀑布高近百米。瀑布是典型的单级瀑布，发育于崖壁的沟谷裂点上，由于高度的差异，而形成了我们目前看到的典型的瀑布。

神仙椅瀑布

水流沿梯级基岩自上而下，受重力作用流向下游较宽阔的台地，下游由于汇水面积增大，形成潭，即另一种水体景观类型，瀑布与下部水潭构成一个整体，二者相辅相成，远观恰似山中神仙休憩时坐的座椅，故名神仙椅。

迎宾瀑

在马鹿坝支流河段，发育着多种样式的瀑布，其中，下游河段发育有一梯级瀑布，由于岩层成层性的差异，瀑布级数较多，但每一级的相对高度也不均一，形状变化万千，而且水流的作用又会反过来作用于岩石，造成基岩不断向后向深扩大，瀑布的节点也因此不断溯源侵蚀后退，在相对高度近百米的基岩上，分布着梯级多达10级的瀑布，极具观赏价值。

十八罗汉拜观音

位于沙坝头东南的南天门十八罗汉，是典型的丹霞石峰的代表。岩壁上下均被茂密的植被覆盖，岩体沿着某一近东西走向成一道道沟壑，主要是不同岩性的岩石在水流、风力等作用下差异风化的结果。远看，裸露的岩石恰似一个个神态迥异的罗汉，在注视着对面的观音像。

翻天大印

位于马鹿坝东南的翻天大印，是象形丹霞地貌的典型代表，下部为后层碎屑岩地层，中间夹有一薄层泥岩，由于软弱层的风化和剥蚀，使得底部岩石整体崩塌，呈现出我们现在看到的上宽下窄的情形。自下而上望去，就像是如来佛祖倒踩着的脚

◀ 百丈崖瀑布
▲ 神仙椅瀑布
▲ 迎宾瀑
▲ 十八罗汉拜观音

印，为当地留下浓墨重彩的一笔。

丹霞地貌组合形态——马鹿村一带

赤水丹霞主要为高原峡谷型和山原峡谷型丹霞地貌景观。马鹿村一带是典型的高原峡谷型丹霞地貌，主要由起伏较为和缓的丘原及其外围的深切峡谷构成，高原面面积大，有不少平坦的坝子。其中，靠近九角洞的东部地区是典型的山原峡谷型丹霞地貌景观，原始的高原台地彻底解体，并缩小为脊状山梁，和其间的深切峡谷组成了山原峡谷的壮丽景观。

桂圆林景区

位于元厚镇桂圆林村与石林村，距市区42千米，以石柱类的丹霞石群为主，包括外星人、双峰石、一线天等各种象形奇石，景区面积17.49平方千米。

外星人

"外星人"是桂圆林景区的一块巨石，酷似一个头大身小的外星来客，是一尊丹霞岩体经崩塌节理和风雨剥蚀而形成的，当地人冠予"外星人"的雅称。灵芝石通体红艳，惟妙惟肖。

奇石坡

丹霞岩壁受风化剥蚀、雨水侵蚀等外力作用，沿节理裂隙崩塌，堆积于陡崖下成不规则锥状崩积体和巨石块，石块大小不同，单块巨石大可至上百立方，在陡崖坡下，这些巨大的崩积岩块往往可能构成坡麓崩积锥或崩积带。

▲ 翻天大印
▲ 丹霞地貌组合形态
▼ 奇石坡
▶ 外星人

国家级风景名胜区

赤水风景名胜区是国务院唯一以行政区名称命名的国家级风景名胜区,总面积为630平方千米,占市域面积的三分之一。目前已对游人开放的有:赤水大瀑布、四洞沟、五柱峰、杨家岩、中国侏罗纪公园、燕子岩国家森林公园、竹海国家森林公园等自然景区以及大同古镇、丙安古镇、红军长征遗址等人文景区。另外,天台山、九角洞、月亮湖、九曲湖、长嵌沟、仁友溪、月台、宝源、盘龙等景区正在开发建设之中。

▼ 放声赤水大瀑布
▼ 象形丹霞石柱
▶ 赤水大瀑布

赤水大瀑布景区

赤水大瀑布景区,位于赤水河支流风溪河上游,距赤水城区39千米,面积30平方千米,以赤水大瀑布、中洞瀑布为特色景观,拥有赤水大瀑布、中洞瀑布、奇兵古道、转石奇观、香溪湖、百亩茶花、石笋峰、亿年灵芝、会水寺摩岩造像、红军标语等自然人文景观。景区原始幽静,林茂峰秀,丹崖艳丽,植物种属多样,山峦四季长青,云豹、麋鹿、猕猴等野生动物出没,溪泉、瀑布密布,香溪湖波平水碧,是一处观瀑览胜、怀古寻幽、避暑休闲的极佳胜景。

县志记载,明代永乐年间朝廷修建故宫,派少监谢安到仁怀厅十丈洞一带采集楠木,留下了皇木坝地名。当时这里原始森林密布,交通不便,连著名旅行家徐霞客也未曾涉足。清代仁怀同知陈熙晋赋诗感叹:洞深十丈锁云烟,谢监栖迟廿五年。采木使臣归未得,山中开箐已成田。

赤水大瀑布

赤水大瀑布,位于赤水河一级支流风溪河上,高76.2米,宽80米,雨季流量可达每秒300立方米,蔚为壮观,是众多瀑布的杰出代表,其高度、宽度以及水流量等均堪与著名的黄果树瀑布媲美,有"丹霞第一瀑"的美誉。

画坛泰斗刘海粟老先生题誉为"空谷佳人",

中科院专家评价为"神州丹霞瀑布奇观"。不少诗人墨客为这一瀑布奇观写秃了笔头、唱哑了嗓子。有人歌为"疑似银河天上落,蓬莱仙景降尘寰";有人唱为"生不逢地无限恨,能有几人识壮观?"总之是有着无穷的情怀、无尽的感叹!

风溪河

风溪河是赤水河的干流之一,发源于四川古蔺县普照山,全长70千米,水力蕴藏量达3万多千瓦,流域面积340平方千米,相对高差达1500多米。溪河两岸丹霞地貌发育完整、壮观美丽,沟壑纵横,林木葱郁,瀑布密集,桫椤、鹅掌楸、杜鹃、小金花茶等奇树异木生长良好。风溪河历史光荣而悠久,1862年石达开率部曾从这里渡过赤水河入川;1935年1月中国工农红军第一方面军长征"四渡赤水",红一军团红2师从这里搭浮桥进军赤水,并从这里渡过赤水河插向四川古蔺,摆脱了国民党几十万大军的围追堵截。电影《四渡赤水》中炮火连天、红军过浮桥撤退过赤水河的镜头,就是在这里实景拍摄的。

从风溪河红军渡口沿景区公路前行至赤水大瀑布景区大门,沿途将会观赏到丹霞地貌景观"转石奇观"。这一奇观是许多丹霞景观的组合体,由石山盆景、雄狮石、罗汉石、将军石、点将石、令牌石、猿猴石、海龟石、海豹石,以及仙人洞、恒温隙、间歇泉、一线天等丹霞景观构织而成。前去不远,鸡飞岩瀑布呈现三级束状飞泻284米丹霞崖壁。车至两河口,除看到飞花溅玉的迎宾瀑布和装机容量4400千瓦的两河口电站外,还可登上距溪河100米高的会水寺拜佛问前程,观赏古代摩崖造像人文胜迹。经这里右行看见的直指风溪口、似鹰嘴凸起的丹霞峰岩铁夹嘴。登上铁夹嘴俯瞰四野,还能观赏到恰似十八罗汉的18块兀立丹霞巨石。

中洞瀑布

经景区雕塑门楼过"九曲回廊桥",行进在当年太平军石达开部和中国工农红军第一军团红2师先后经过的"奇兵古栈道",沿途观名木赏古树,领略丹霞地貌奇观,转眼就来到中洞瀑布前。

中洞瀑布宽75.3米、高20米,镶嵌在恰似巨大门枋的两座山峰之间,酷似悬挂"门楣"上的银色珠帘,又像倒置梳针的银梳。瀑布轰鸣震耳,瀑水晶莹飞花,十分壮观、美丽。当地人称之为"美人梳",中科院专家点评为"中国帘状瀑布的典型代表"。

香溪湖

香溪湖是一个人工湖泊,坝高74米,坝长200米,库容2100万立方米。在这里可以划船、游泳、垂钓,饱览湖光山色,穿行原始森林,观百亩茶花,赏石笋峰、亿年灵芝等丹霞奇观。站在大坝上举目眺望,湖面水雾氤氲,时有缕缕白雾忽聚忽散,升腾扩展,笼罩山川湖泊、原始森林,透溢出神秘莫测的色彩。晴天丽日,湖水波平澄碧,波光粼粼。荡舟湖泊,沿岸蓊郁绿树扑面迎

来，鸟雀啼唱伴行，流泉飞瀑挥舞彩练，给人轻爽快感。弃舟拾岸登山观湖天一色，只见峰峦绵绵、犬牙交错，古藤、植物缠绕密匝、层层叠叠，丛丛山花烂漫。密林深处丹岩红艳，偶见农舍淡淡炊烟，十分好看，爽心悦目。

百亩茶花林

距香溪湖约7千米，步行1个多小时便进入了百亩茶花林。山茶花是我国传统名贵花卉，野生品种更为珍贵。赤水大瀑布景区的百亩茶花林内的茶花全是天然野生，十分罕见。一般植株高10米左右，叶片油绿，郁郁葱葱；花色有白、黄、红、桃红等，花型差异，千姿百态，绚丽多彩。每年4月左右，几场春雨滋润，山茶花树在绚丽的阳光下绽放花蕾，少则一株1~2朵，多则一株几十朵。时日不长，花蕾渐渐长大，星星点点缀满枝梢各显风姿，煞是好看。5月至6月，五颜六色的山茶花悉数盛开，每朵花能开放20多天，喷吐出醉人的芳香，布满山野尽展娇颜，令人流连忘返，心旷神怡。

万年石伞（灵芝石）

香溪湖畔原始森林中，一尊丹霞岩经过千百万年崩塌节理和风雨剥蚀，酷似一柄巨伞或一朵灵芝，人们对它冠予"万年石伞"、"亿年灵芝"的雅称。

万年石伞伞顶周长17米，伞身高6.2米，伞柄最细处周长1.2米，给人头重脚轻、摇摇欲坠的观感。然而，万年石伞历经千万年风雨，依旧挺拔，稳稳屹立；伞顶青草如茵、林木葱茏；伞柄寸草不生、赤红一色；四周古木参天、菌蕨丛生。每当阳光朗照，万年石伞格外绚丽，令人遐想连翩。

万年石伞以独特形状、迷人风韵赢得人们的青睐，犹如天上神物，故赋予许多内涵。传说远古时代有一巨大火球从天而降，落地后变幻成似伞状红色巨石，又像是传说中的灵芝仙草。人们认为这是苍天显圣、天赐灵物，可护家牲人畜，可保风调雨顺，于是在石伞旁立一庙，四季焚香，祷告不断。

◀ 中洞瀑布
▲ 万年石伞（灵芝石）

▲ 丹霞绝壁
▼ 灿若明霞
▶ 恐龙足迹化石
▶ 鸟脚类恐龙留下的脚印

有人在附近岩石上题镌一诗道出真情。

悠悠石伞是真形，
藏龙卧虎吐祥云。
一呼一吸元头汞，
果然仙境是蓬门。

丹霞绝壁

丹霞绝壁是赤水丹霞地貌最具表现力的形态要素之一。该崖壁长860米，高70余米，与地面垂直壁立，壁体为典型的侏罗纪古湖沉积岩，经两亿年的地壳演变而成，壁面裂纹纵横交错，通体色泽红艳，在阳光的照射下壁立千仞，灿若明霞。

古生物活动遗迹

在宝源乡兴隆湾附近，发现在巨型岩石上有形状似鸡爪的脚印，当地村民叫这种岩石为"天鸡石"，称岩石上的脚印为"天鸡脚印"。"天鸡脚印"长约42厘米，宽28厘米，每个脚迹的长、宽相等，脚迹之间的距离也几乎相等，约60厘米。据专家考证，这些"鸡爪"可能是侏罗纪时代恐龙留下的脚印。在这片"恐龙食物"密集区，出现如此规范、整齐的脚迹引起了科学家的注意。专家推测，这所谓的"天鸡脚印"极有可能是恐龙走过后留下的脚印化石。赤水桫椤国家级自然保护区高级工程师赵心益介绍说：侏罗纪时代，这里属古四川湖，边缘地带随着水的涨落干涸。可能是在没有完全干涸的时候，恐龙在上面活动留下了脚印，随后沉积形成了质地不一样的痕迹。历经亿万年

的地壳运动，打乱了这块原本平整的地层，形成了现在带有"天鸡脚印"的"天鸡石"。

桫椤—竹海景区

中国侏罗纪公园位于赤水金沙沟桫椤国家级自然保护区的实验区，距赤水城区40千米，紧依赤桐公路，傍临赤水河，地处红军长征路，系贵州高原向四川盆地递降的过渡地带，海拔290～1730米。公园内年均气温17.7℃，降水量1200～1300毫米，年均相对湿度大于84%，赤水桫椤国家级自然保护区是世界唯一以桫椤及其生存环境为保护对象的自然保护区，拥有世界上数量最多、面积最广的桫椤林区。自然保护区面积133平方千米。其中，核心区55平方千米，缓冲区40平方千米，实验区38平方千米。自然保护区海拔最低点金沙沟蜂桶岩311.5米，最高点幺栈沟葫芦坪1730.1米，海拔落差很大，丹霞绝壁峭立，流泉瀑布密集，自然生态原始古朴，野生动植物种属丰富，珍稀保护动植物生存良好，是一个植物繁茂、物种丰富、自然环境良好的圣洁之地，也是开展生态旅游、科研教学的理想基地。

园内开辟了甘沟、大水沟、两岔河三个景段供游人观光游览、生态旅游、回归自然、领略远古风貌，以"古生物活化石"桫椤为主体景观。

2000年10月，国家旅游局批准在赤水桫椤国家级自然保护区内，开设"地球爬行动物时代"标志植物及其生

◀ 活化石——桫椤
◀ 甘沟瀑布
▲ 竹海秀色

存环境游览观光园林，正式命名为"中国侏罗纪公园"，向中外游人推出地球侏罗纪、白垩纪自然生态景观，展示2亿年前地球的原生态自然风貌。

　　竹海国家森林公园在赤水市葫市镇境内，距离赤水城区40千米；公园占地面积10666公顷，其中楠竹面积3200公顷，内分3个景段，中心景点为野竹坪观光休闲区。这是一处以竹海风光、瀑布群、原始森林、野生动物和丹霞奇观综合构成的秀美景段，是人们避暑休闲、度假、疗养的理想胜地，同时也是文人墨客挥毫泼墨的天然佳景。

　　竹海国家森林公园拥有竹类12属40多种及2个竹变种的千百万竿各类竹子。赤水人嫌一时间难以说清这些竹种名称，便大而化之简称"楠竹"和"杂竹"。其实，杂竹的属种很多，姑且不说慈竹、斑竹、水竹、甜竹、苦竹等为人们熟知的竹类，仅就赤水特有种属的箐竹（方竹属，又称"金佛山方竹"）、西凤竹（短枝竹属）、赤水玉山竹(玉山竹属)、扒竹(悬竹属)，以及红壳箭竹、刺箭竹、小箭竹(箭竹属)等而言，就有数十万竿。其中的赤水玉山竹、刺箭竹和红壳箭竹具有极高的保护价值，是新近考察发现的珍稀竹种。

▲ 燕子岩瀑布
▲ 燕子岩生命之源
▶ 佛光岩瀑布

燕子岩景区

燕子岩国家森林公园距市区26千米，集森林景观、瀑布景观和丹霞地貌浑然一体，品位极高。景区南段是桫椤园，可观赏2亿年前侏罗纪、白垩纪时期地球上盛极一时的高大木本树蕨、蕨类植物之王——桫椤。这里有双头桫椤、龙鳞桫椤、恐龙形桫椤以及9.2米高的公主桫椤，千姿百态，形态婀娜，达3万余株，不愧为"桫椤王国"。景区北段溪流纵横，山峦叠翠，丹岩林立，自然景观与珍稀植物和谐共生，如梦似幻，让人目不暇接。燕子岩瀑布高87.3米，还可以品尝甘甜的长寿泉等。

佛光岩景区

佛光岩景区素有"丹霞第一园"、"赤景一绝"等美誉，以"丹霞绝壁、天下奇观"的佛光岩和"天造地设、鬼斧神工"的五柱峰为主体景观，丹霞地貌、奇峰异石、绝壁岩穴、五柱峰、白龙瀑、丹霞城堡、茶花林等30多个靓景奇观，由小金驿沟、世外桃园、太阳谷、犁辕沟、豹子沟等五大景段构成，面积20平方千米，集新、奇、险、秀、幽、野六大特色为一体，是赤水国家重点风景名胜区的重要组成部分，不可多得的精品自然生态旅游风景区。

　　五柱峰地处大娄山北麓贵州高原向四川盆地急剧沉降地段,谷深坡陡,溪河纵横,切割深度在500～1300米之间,山峰多在1200米以上,断岩嶂谷,高差很大。出露地层全是侏罗纪、白垩纪河湖相红色沉积岩。这种特殊的地貌在差异风化、重力崩塌、风雨侵溶等物理生化综合作用下,形成宝塔状、城堡状、针状、柱状、棒状、方山状、峰林状等无数奇异的丹霞地貌景观,丹岩绝壁、奇峰异石、崖廓岩穴比比皆是、多不胜数,大地山崖呈现出红艳艳的赤红色彩。因此,五柱峰景区便被誉为"赤水乃至中国侏罗纪、白垩纪丹霞地貌发育最好,出露最齐、特色最典型的景区之一"。

仙鹤沟景区

赤壁神州(金沙村)

　　赤壁神州的崖壁成弧状,上、下部多处被植被覆盖,红色的块状砂岩明艳如火,远观似一幅中国地图,因此得名,具有较高的观赏价值。

仙鹤峰

　　由于山体被沟谷流水切割,岩体沿垂直节理发育。在沟谷两侧及台地边缘多有残留孤峰,造型别致,富有美学价值。赤红的石峰绚烂夺目如云霞,而青翠的森林又浓得化不开,这两大自然色的组合,呈现出一片生机,似大自然的脉搏在有力地跳动。

▲ 五柱峰
▲ 赤壁神州
◀ 仙鹤峰

思索赤水

地质遗迹形成演化
独特的赤水丹霞地貌
赤水的未来

地质遗迹形成演化

地球在漫长的地质历史演变过程中,由于内外力的地质作用,形成了千姿百态的地貌景观、地层剖面、地质构造、古人类遗址、古生物化石、矿物、岩石、水体和地质灾害遗迹等,其中具有独特性和典型价值的便成为人类所关注的地质遗迹。

▼ 棒槌峰
▼ 红崖绝壁
▶ 丹崖飞瀑

丹霞地貌

赤水典型的丹霞地貌景观主要发育于赤水市南部地区,赤水河将其分为东西两片,东片是丹霞地貌分布面积最大、地貌形态最典型的区域,主要包括葫市以南、赤水河以东、习水河以西的大片地区,主要为流水深度侵蚀切割形成的山原—峡谷型丹霞地貌;西片位于赤水河以西、枫溪河以东的赤水市西南部地区,河流切割程度小于东片,以高原—峡谷型丹霞地貌为主。赤水地区峡谷幽深、红崖绝壁、溪流飞瀑以及林海茂密等要素的有机结合,形成了独具特色的丹霞地貌景观。

"赤水丹霞"地处云贵高原向四川盆地的过渡地带，反映了一个干热气候条件下的氧化陆相湖盆沉积环境。高原的剧烈抬升与流水的强烈下切造成了地形的巨大反差，成为高原—峡谷型丹霞地貌的代表。

从震旦纪至三叠纪，虽有过若干次海浸海退，但未发生过强烈、显著的褶皱和断裂，是相对稳定的地槽或沉积带。三叠纪末海退后，"四川拗陷"由海盆演变成为内陆湖盆。在侏罗—白垩纪时期积水成湖，称"四川湖"或"巴蜀古湖"。在这一漫长的时期内，气候炎热，由于铁质的氧化，沉积物呈现红色。赤水沉积了3000～4000米厚的侏罗纪—白垩纪河湖相红色碎屑岩建造，为丹霞地貌的发育奠定了良好的物质基础。在新生代初的喜马拉雅运动中，四川湖盆整体抬升，结束了漫长的沉积历史。新近纪中期之前，四川盆地连同其南侧的黔北隆起经历了较长时间的间歇性抬升和夷平过程，形成了多级地形起伏较为和缓的夷平面。新近纪末以来的构造运动使云贵高原大面积掀斜式抬升，黔北地区形成了与四川盆地高差悬殊的红层高原。新近纪以来，在流水、风化、剥蚀、崩塌等外力的长期共同作用下，逐渐发育成为雄伟壮观的高原/山原峡谷型丹霞地貌，并成为中国高原—峡谷型丹霞地貌的杰出代表。赤水西北侧因基底刚硬，受挤压轻微，上升幅度相对较小，加之岩性的影响，成为广袤的红层丘陵发育区。

丹霞地貌发育的外动力作用

风化作用：赤水地区的物理、化学、生物风化作用对其丹霞地貌的形成和发育的影响是普遍而深刻的,并通过岩性的差异而在两个尺度上显著地表现出来。首先,质地偏软的侏罗纪和岩性坚硬的白垩纪地层经风化后在地貌上分别形成了低山丘陵和低中山峡谷两种截然不同的地貌组合类型。其次,一些软硬互层的岩组景观差异风化后,形成了一些顺层的丹霞凹槽、丹霞天生桥等地貌单体形态。在西区的高原台地上,岩层经过长期的物理、化学风化后,球状风化和各种生物风化发育得十分典型。

侵蚀作用:赤水位于亚热带季风气候区,降水量丰富,加上大面积出露的砂页岩地层透水性差,地表水系极为发达。流水的冲刷、侵蚀切割作用十分强烈,是丹霞地貌发育最为重要的外动力。河网密度普遍大于0.77千米/平方千米,最高可达1.37千米/平方千米,为贵州全省之冠。所在地区大小河流的河床纵剖面瀑布具有大比降或阶梯状的特点,河床的陡倾特征突出地表现在赤水河各级支流上,区内大小河流、沟谷比降大,水流湍急,对地表产生了强烈的下切侵蚀,是区内深切峡谷形成的主要外动力。

重力作用:赤水地层倾角总体来说较为和缓,垂直节理十分发育,崩塌作用普遍,这在白垩纪地层中表现得尤为突出。垂直发育的节理在赤水高耸的红崖绝壁、深切的峡谷、天生桥、丹霞石柱以及风动石等地貌景观的形成过程中发挥了十分重要的作用,在河床、农田中随处可见从山上崩落的巨石。

瀑布水体景观类

赤水的瀑布景观按其类型可分为单级瀑布和阶梯型瀑布。单级瀑布多分布于陡崖处,岩壁近乎直立,相对落差较大的地区,如燕子岩瀑布(燕子岩景区)、赤水大瀑布(赤水大瀑布景区)、佛光岩瀑布(佛光岩景区)等;

而阶梯型瀑布多分布于峡谷多级谷地之间,由于岩性的差异造成不同程度的风化,因而形成阶梯型瀑布景观群,如百丈五瀑群(杨家岩景区)、狮子岩瀑布群(狮子岩景区)、四洞沟四级瀑布(四洞沟景区)等。

◀ 生机无限
▲ 飞流直下三千尺

　　瀑布景观的形成演化主要由两大因素的共同作用而成。以赤水大瀑布为例,喜马拉雅运动以来,随着地块的间歇性整体掀斜式抬升,河流侵蚀基准面下降,河流溯源侵蚀,十丈洞正是凤溪河溯源侵蚀的裂点。赤水大瀑布以上河段地形相对开阔,水流和缓,而以下河段则峡谷深切,水流湍急,这正是溯源侵蚀裂点的典型特征。此外,赤水大瀑布的岩性存在软硬互层的情况,白垩纪嘉定群的长石石英砂岩质地坚硬、厚度大,垂直节理发育,在河流的侵蚀和重力崩塌作用下,容易形成高大的陡崖,下伏的泥页岩夹层质地较软,容易遭受侵蚀而形成内凹的岩腔,加剧了上覆岩石的崩塌作用。这种岩性上的差异,为赤水大瀑布的壮美景观形成创造了

▲ 风化剥蚀、重力崩塌共同作用形成千瀑奇观
▶ 原生桫椤林

十分有利的条件。

瀑布景观发育的外动力作用主要包括风化剥蚀、重力崩塌作用等。

风化剥蚀：流域地表组成物质受水热气候环境及生物等因素的影响，出现高强度的外营力作用过程。该区因处于黔北山原向四川盆地的过渡地带，海拔高度从1600～1700米降至200～300米，多数深切沟谷海拔在600米以下，气候湿热，年平均气温16℃～18℃。尤其在夏季几个月的气温高达35℃以上，极端最高温达40℃。年降水量1200～1300毫米，年平均相对湿度80%～90%。温热的气候促进了岩石的物理风化和化学风化过程。由于赤水地区出露侏罗纪和白垩纪的岩系，多由长石石英砂岩、粉砂岩及泥页岩互层组成，其水理性和抗风化强度不同，泥页岩多为隔水层，岩性较软，易于风化剥蚀。在区内泥、页岩总厚度达772米，占总地层厚的51%。其中上侏罗地层中，紫红色泥、页岩占比重较大，风化残积物很多，地貌上表现为相对高仅100～200米的低缓丘陵。而白垩纪嘉定群中厚层块状长石石英砂岩厚达500余米，占该地层总厚的60%～70%，产状平缓的白垩纪长石石英砂岩抗风化强度远大于侏罗纪地层,两者形成明显的地势反差。在砂岩粉砂岩出露的地层中,由于受区域构造应力的影响,垂直裂隙节理发育,风化剥蚀强度多集中在立方体的四个棱角处,使岩体园化,层层剥离,出现明显的球状风化现象,球状风化是这一地区风化剥蚀作用的重要方式。

重力崩塌:由于地势上升幅度较大,刚性强的长石石英砂岩地层受到流水切割,所形成的沟谷,相对高差在300～500米以上,甚至出现相对高700～1000米的深狭嶂谷,岩体受临空面应力作用,沿着垂直裂隙节理,重力崩塌作用十分强烈,河床中多有数吨至数十吨重的崩塌巨石阻塞河道,谷坡出现近乎垂直的悬崖绝壁,有的陡崖在演化过程中逐渐圆化,渐趋稳定。水流即沿近乎直立的赤壁丹崖倾泻而下。

古老孑遗植物类(桫椤)

赤水桫椤多集中分布于桫椤—竹海景区,沿沟谷广泛展布。赤水拥有现今亚洲最大的桫椤分布区,根据孢粉组合特征判断的该区古地理环境,海拔500～780米地段,古植被是以蕨类植物为主构成的蕨类草丛或疏林蕨类草丛,有桫椤的生长;海拔1330米地段,蕨类孢粉较少,以木本植物占优势,古植被为针阔混交林,包括松属、罗汉松属、壳斗科栎属、山毛榉属的类群。

在生态过程上,该区体现出重要的演替过程,该区大面积的原生植被以及植被覆盖下的丹霞地貌,是现代植被

与古代植被联系以及与该区独立地质地貌协同演化的典型代表。桫椤孢粉随地层剖面逐渐增多的事实，说明当地古气候变化是逐渐温暖湿润的。上述推断，证明了赤水古地理环境与现代环境相似，且桫椤有较长的生长、发育历史。桫椤群落可视为南亚热带雨林中的一个特殊层片，它既反映生存环境高温、高湿的特点，也反映了植被的南亚热带属性。由于环境特殊，桫椤群里具有良好的生长发育条件，并免除了人为活动强度的干扰，因此多数地段的群落处于相对平衡的稳定状态。而这种稳定的气候环境，缘于石炭纪后赤水地质背景的变迁，燕山运动带来的地壳隆升，河谷深切，坡壁陡峭，相对高差700米以上，"V"形峡谷地形地貌以及高耸山岭形成的一道道天然屏障，有效地控制了各类恶劣气候条件的影响，尤其在抵御第四纪强烈冰川运动袭击中，成为桫椤得以幸存的最佳"避难所"。

独特的赤水丹霞地貌

赤水丹霞，绝妙的自然现象，具有罕见自然美；地球演化史中重要阶段的突出例证，包括生命的记载和地貌演变中的地质过程或显著地貌特征；突出代表了陆地、淡水生物系统及动植物群落已经和正在演变的生态过程；生物多样性原地保护的最重要的自然栖息地，包括从科学和保护角度看，是具有突出普遍价值的濒危物种栖息地。

丹霞地貌对比

丹霞石刻（丹霞负地貌形态——大型单体洞穴）、昌水岩（丹霞正地貌形态——丹霞崖壁）、蜂窝状洞穴（丹霞负地貌形态），作为赤水丹霞最具代表性、最具典型性的地貌景观，既体现了赤水丹霞在区域的独特地位，又体现了丹霞各自形态的突出特征。

与国际丹霞地貌的对比

赤水丹霞属于中国南部丹霞地貌景观的一部分和典型代表，而中国丹霞在世界丹霞地貌中具有突出的特色。

中国丹霞是代表地球大陆地壳及陆地演化主要阶段地质过程的典型范例。丹霞是区域大陆性地壳发育到特定阶段的产物。组成中国丹霞的红层都形成于中生代时期的山间断陷盆地中，这些红层后被"抬升"，并经过构造切割和外动力侵蚀作用才形成丹霞。世界上的陆相红层出现和分布的差异，反映了区域地壳演化的差异。南方冈瓦纳古陆最早的大规模红层出现在元古代后期，北美-俄罗斯古陆的大规模红层出现在早古生代，而中国的大规模红层主要形成于中生代，反映了这些古陆演化的差异。因此，中国红层沉积反映了中国区域地壳较晚拼合成为大规模稳定地块的特定演化过程，可能是揭示地球中新代时期陆地表层系统的地质、地理、气候等系列全球性变化及重大事件的标识。

◀ 桫椤
▼ 赤壁神州

中国丹霞地貌是地球上红层地貌的重要类型，具有独特的自然地理特征。以形态多样性、造型奇特性、景观与色彩的独特性、丹山-绿树-碧水组合为特征，是世界红层地貌中类型最齐全、形态最奇特、景观最丰富、发育最典型的丹霞地貌分布地，包含了世界湿润地区最齐全的红层地貌类型和最典型的与红层关联的系列自然现象，展示了地球中生代晚期-新生代红层现象的主要地貌过程，为世界红层地貌学的研究，提供了湿润区红层地貌最具代表性的系列模式地。

中国丹霞代表了重要的、正在进行的红层地貌演化过程和地质作用，是揭示世界红层地貌过程和研究正在进行中的地质作用的典型模式地。赤水丹霞地处新构造运动的抬升区，处于不同发育阶段的丹霞地貌均在继续发育中，现代地貌过程和地质作用表现清晰，均有大量标志性观察点，是静态与动态相结合的丹霞地貌演化的现场博物馆、教科书和天然实验室。

与现有世界自然遗产中具有重要地质价值的红层地质特征地质遗迹进行比较。

与国内丹霞地貌的对比

中国丹霞地貌分布广泛，在热带、亚热带温润区，温带温润—半湿润区、半干旱—干旱区和青藏高原高寒区均有发现；最低海拔可以形成于东部的海岸带，最高海拔可以出现在4000米以上的青藏高原上。主要集中在四川、江西、甘肃、广东、湖南、浙江、青海、福建、贵州、重庆等省（直辖市、自治区），其他各省区也有零星分布。根据空间组合关系，中国丹霞地貌被划分为东南、西南和西北三大集中分布区。由于地质地理环境差异，如构造运动、覆盖层、气候条件及河流作用等差异，三区呈现各异的地貌形态和景观特色。

（1）与东南部低海拔临水型丹霞地貌区的对比分析

▼ 赤水红层
▼ 龙虎山丹霞

丹霞世界自然遗产和混合遗产分析表

名称	国家	批准日期	地层年龄	气候带	主要景观形式	简介
大峡谷国家公园	美国	1979	前寒武纪至古近纪	亚热带荒漠	边坡折角、台地	山谷暴露部分上部由中生代大陆地层构成。主要地貌为山谷。河流楔入
艾伯塔省恐龙公园	加拿大	1979	白垩纪	温带半湿润	浑圆化	主要为白垩纪灰褐、浅褐色红层、彩色岩层，是距今75Ma B.P.前的红层堆积，有高达数十米的陡崖，是世界上规模最大的白垩纪恐龙化石群的集中地。在第四纪冰期时收到多次冰川的强烈作用
加拿大落基山公园	加拿大	1984, 1990	前寒武纪-白垩纪	温带草原	台地	多层褶皱山体，其中在班夫国家公园是白垩纪灰-褐色沉积岩，历经多次强烈的第四纪冰川作用
德拉肯斯公园	南非	2002	三叠纪	温带海洋	台地	由三叠纪近水平产状的红色砂岩、页岩和玄武岩组成。由于河谷深切，整体上形成平顶桌山，周围是数十米的陡坡
波奴鲁鲁国家公园	澳大利亚	2003	泥盆纪	亚热带半干旱	浑圆化、峰林	深棕色混合石英山岩被侵蚀
大蓝山地区	澳大利亚	2000	三叠纪	亚热带半湿润高原	台地、浑圆化	砂岩平原、陡崖和河谷。近水平、中-薄层理，被河谷切割成块状和柱状结构
卡奈玛国家公园	委内瑞拉	1994	白垩纪	热带湿润	台地	前寒武纪岩石上的白垩纪石英岩和红褐色砂岩。地层被侵蚀数百万年而形成平顶高原和桌状山。陡崖超过1000米
乌鲁鲁-卡塔丘塔国家公园	澳大利亚	1987	寒武纪/奥陶纪	亚热带干旱/半干旱	浑圆化	经历了长时间的风化和侵蚀之后，寒武纪/奥陶纪红层变成圆山。一流下来爱雅斯巨石和奥尔加山光滑的穹丘形成了壮美的景观
卡卡度国家公园	澳大利亚	1981	白垩纪/元古界	热带湿润/半干旱	台地、浑圆化	元古界的棕褐色中厚层砂岩和砂砾岩组被白垩纪海相和陆相岩组覆盖。经历了剧烈的风化和侵蚀，形成了陡崖、瀑布和深洞。宽阔的河谷地带残存桌状山和弧丘；高原面平缓，在高原边缘，悬崖高百米以上，岩石棱角较圆滑
塔西利-恩-阿耶	阿尔及利亚	1982	前寒武到古生界	干旱	峰林	前寒武纪的基底上堆集了近水平产状的早古生代棕色-灰色砂岩和砾岩。各具形态的红层石林和石丛发育；沙漠中分布着大量高度数十米的石峰
比利牛斯-珀杜山	法国，西班牙	1997, 1999	白垩纪-古近纪	海岸地中海气候	边坡折角、台地	大规模的陡崖坡和方山沿着断层发育，Perdu山的钙质山丘展现了典型的地质地貌，包括深谷和壮观的环形山崖

赤水丹霞地貌区属于西南部高原—峡谷型丹霞地貌区，以深切割的高原—峡谷型、红层山地型丹霞地貌为主。峡谷两侧的陡坡地带，重力崩塌十分强烈，山体易出现近乎垂直的陡崖绝壁。地壳抬升差异最为强烈，因此由深切峡谷形成的丹崖赤壁规模宏大。而东南部丹霞地貌区属于江南丘陵区，包括浙、闽、赣、粤、湘、桂等省（直辖市、自治区），多发育临溪峰丛—峰林式丹霞地貌，雄秀兼备。河流多穿行其间，且地壳抬升速度较慢，因此区内多发育幽深曲折的溪流，丹霞地貌多以临溪峰林峭壁、一线天、天生桥、额状洞为主，以粤北丹霞山、武夷山的九曲溪两岸、耒江中游及资江上游等丹霞地貌山水最为典型。

（2）与西北部高寒—干旱山地型丹霞地貌区的对比分析

西北区丹霞地貌发育时空跨度大（垂直高差达3000米，水平绵延达1000千米，年代从上泥盆纪到上新统均有发育）、类型丰富、干旱区特征典型。受流水切割作用小，崩塌作用强烈，主要分布于甘肃东中部，陇山周围、渭水上游和青海东部（黄）河湟（水）谷地，地跨青藏高原东北部和黄土高原西部。处于青藏高原的青海省，分布于大量海拔3000～4000米以上的高寒—半干旱—干旱型丹霞地貌；兰州周边是青藏高原向黄土高原的过渡带，发育了半干旱山地型丹霞地貌；河西走廊的祁连山麓至新疆的天山南北麓，则发育了典型的干旱山地型丹霞地貌。与西南区相比，大型丹霞地貌都发育在黄河及其大支流区域。西北丹霞地貌受青藏高原强烈抬升，加之本身基底的不均一性（中间地块和古老软弱带交替出现），地块发生差异升降，并在它们的交接处出现断裂，形成断陷和拗陷相结合的山间盆地，这些沉积盆地大多依北西—南东和东西向排列，峡谷与宽谷相见呈串珠式的地貌形态。西北丹霞地貌区地壳运动幅度较大，多陡倾斜甚至垂直和扭曲型丹霞地貌，与西南、东南区近水平层理的丹霞地貌类型不同；同时，西北区内气候分异明显，小气候现象突出，丹霞

国内相关丹霞地貌比较一览表

名称	地层年龄	地质构造	地貌特征	自然环境	地貌学价值
赤水丹霞	白垩纪	按岩屑特征属于砂岩丹霞地貌，出露的地层包括砂岩、砾岩、泥岩、页岩、泥灰岩甚至煤层等多种岩性，但砂岩的分布范围是最广，尤其是白垩纪嘉定统嘉定群的厚层长石石英砂岩构成了赤水丹霞地貌发育的主体地层，陡倾节理十分发育。在流水、崩塌的作用下往往会形成高大雄伟的陡崖面，坡面垂直光滑	新构造运动中，老第三纪形成的夷平面遭受强烈的抬升和切割，地貌发育过程具有典型的回春特征。西区尚保留有较大面积的、连续的高原面，四周有深切的V形峡谷分布，形态上属于典型的高原峡谷型丹霞地貌；东区的山顶面仍较为清新，局部地方可见平顶方山。赤水河及其支流塑造的峡谷陡峻，是较典型的青年期山原峡谷型丹霞地貌景观	赤水丹霞不只是单一丹霞地貌，赤水的丹霞结合了瀑布、湿地、翠林等其他自然景观。森林覆盖率超过90%，被称为"绿色丹霞"和"覆盖型丹霞"；而大面积古植被和多种珍稀濒危动植物一起，更成为赤水丹霞最独特的特征	赤水丹霞属青年早期发育阶段的产物，已经成正在进行的地质作用均在继续，是研究丹霞地貌形成的天然实验场。同时，它又是中国丹霞的重要组成部分，与其它五处丹霞地貌一起，组成中国丹霞形成演化的完整系列，具有较高的科学价值
云南三江并流保护区	始新纪	记载了5000万年来印度板块和欧亚板块、古地中海消失、喜马拉雅山和青藏高原抬升的地质历史。这些是亚洲陆地表层演变的重要地质时间，而且还在进行。遗产地的地层多样，新纪地层实相寺组紫红色砾岩与钙质粉砂岩互层，上部浅灰色砾岩；砂岩中厚层状，产状缓倾斜，垂直节理十分发育。丹霞主要发育在宝相寺组红层上	在丽江黎明老君发育有典型的丹霞方山、峰丛、赤壁和洞穴。尤其龟背状风化凸包具有特色，形成"千龟山"发育动力为构造抬升和后期流水侵蚀。发育了不完全赤壁丹霞，高差>80米	金沙江、澜沧江和怒江平行的峡谷区域多样化的自然现象或自然美景具有不可替代性。巨大的地形起伏导致的生境多样化使这里成为中国乃至世界上温带生物多样性最丰富的区域	丽江丹霞在三江并流遗产地中是诸多地质地貌要素之一。属于湿润区高原山地型丹霞。其中龟背状风化凸包具有特色
武夷山	三叠纪	武夷山地区自三叠纪以来形成了一系列的断陷盆地，沉积了巨厚的砂岩、粒砂岩和火山岩，特别是沉积了厚达2000余米的白垩纪紫红色砂岩砂砾岩。主要由上白垩系赤石群紫红色厚层状岩、砂砾岩构成，赤石群为洪积相和河流相，厚707~2246米，红层产状一般倾向NW，倾角20°~30°，属于缓倾斜红层	丹霞地貌区山顶面坡形态以圆弧形为主，部分呈圆锥形和单面山。陡崖形态呈阶地状多个陡崖。在沟谷河流的地方有较高的陡崖分布。陡崖坡有切割的洞穴。多为丹霞单面山为主，还发育了石峰、岩洞、巷谷、石墙和石堡	武夷山脉是中国东南部重要的生物保护区，是许多古代孑遗植物的避难所，其中许多生物为中国所特有。九曲溪两岸寺院庙宇众多。该地区唐宋理学中国东南部文化产生了相当深刻的影响	由上白垩纪紫红色砾岩、砂砾岩构成，发育了丹霞峰丛、块状江河石柱和等景观。风景以九曲溪延安景最集中。院里九曲溪地段景观质量较为一般
峨眉山 乐山	白垩纪	乐山位于四川红层盆地西南部，分布这红色的块状、巨状状砂岩；白垩纪夹关组红层多为砖红色厚层、巨厚层块状长石石英砂岩，厚300~900米，产状近水平，其次是灌口组地层，以紫红、砖红色泥岩夹砂岩	新生代以来，四川盆地抬升，厚度的红层发育了垂直节理，岩层缓倾斜。疏散的丘陵型丹霞地貌，临水面被切割成为多处是，崖高约30~80米。大佛被开凿在临水的崖壁上	乐山大佛面临三江激流（岷江、青衣江、大渡河江流山下），气势恢宏，堪称世界为有形与无形结合、自然与文化结合的重要性	乐山为白垩纪砖红色砂岩，夹泥岩及页岩。垂直节理不发育。沿江赤壁丹崖典型
承德避暑山庄及其周围寺庙	白垩纪	外围山地由白垩纪承德砾岩、平泉层砂砾岩、页岩和砾岩构成	地貌以中等切割的低山丘陵为主，丹霞崖壁、方山、石峰和石柱等地貌发育良好。其中最有标志性的景观是磬垂峰（棒槌山）丹霞石柱。丹霞地貌构成避暑山庄和外八庙的环境背景	属于温带半湿润气候环境，主要植被为落叶阔叶林，避暑山庄及其周围寺庙是中国建筑与自然环境有机融合的突出例证，对景观设计有深刻的影响	外围山地由白垩纪承德砾岩、平泉层砂砾岩、页岩和砾岩构成。发育了典型的丹霞地貌
大足石刻	侏罗纪	大足地区主要由侏罗纪上统蓬莱镇组砂岩、页岩组成，产状近水平。丘陵海拔可达500米，相对切割深度50~100米。山堡上保存着跨度从9世纪到13世纪的摩崖石刻。石刻造像分布在17~15米的第二ី阶地上，是宋代以来建造的摩崖石刻佛教造像	大足石刻雕刻在丘陵型的红层地貌区。由于砂页岩相对标胶易于风化侵蚀，故陡崖坡发育的是非常典型。在一些有陡崖坡的部位，雕刻了著名的大足石刻	石窟区东部为坪丘地分水岭，成北北东南西分布，石窟佛湾立于陡崖顶部地形平坦，形如围椅状。此处植被为亚热带常绿阔叶林	下白垩纪浅红色、紫红色块状砂岩，发育了红色丘陵，局部赤壁丹霞典型，被开辟为石窟

—— 117 ·

（续表）

名称	地层年龄	地质构造	地貌特征	自然环境	地貌学价值
四川青城山河都江堰	白垩纪至古近纪	青城山由中生代红层构成，包括白垩纪至古近纪的红色砾岩和砂砾岩，是典型的粗大颗粒为主的磨拉石建造。岩层产状平缓，垂直节理发育	青城山属于低山—中山地貌区，位于四川盆地西北边缘。属于强抬升、深切割山地形高度不大，往往呈阶梯状构成	青城山属于亚热带湿润季风气候区，山区群峰环抱，古木参天，是中国著名的道教名山。素有"洞天福地"、"人间仙境"之称	白垩纪至古近纪紫红色砾岩层被侵蚀、溶蚀形成山地型丹霞。溶洞常被道教利用作为活动场所
福建泰宁	晚白垩纪	泰宁白垩纪红层盆地为中生代断陷盆地，大地构造位于白垩纪活动大陆边缘裂陷系的西部，华夏古陆武夷隆起的西部。受即武一河源北东向和泰宁一龙岩南北向断裂控制，断陷盆地自南向北呈南北—北东向展布。盆地内红层发育有南北、东西、北北西、北北东、北东、北东东等8组不同走向的断裂，控制了区内丹霞山体的走向。崇安组内小型裂隙、节理控制洞穴产出形态和规模	福建泰宁白垩纪红层盆地发育由晚白垩纪崇安组紫红色砾岩、砂砾岩构成的青年期丹霞地貌，风光旖旎。丹霞壁上分布着大小不同、深浅不一、千姿百态的洞穴，堪称丹霞洞穴博物馆，构成独具特色的丹霞地貌景观	丹霞地貌中的洞穴十分发育，崖壁上分布着大小不同、深浅不一、千姿百态的洞穴，堪称丹霞洞穴博物馆，构成独具特色的丹霞地貌景观	不仅极具观赏性，更是研究丹霞洞穴不可多得的理想场所，许多地学工作者曾在此开展过工作，为丹霞洞穴成因研究奠定了基础
浙江江郎山	白垩纪	江郎山位于江山—绍兴深断裂带与保安—峡—张村大断裂带之间的峡引构造盆地中，盆地呈北东向展布，长约30千米，宽约10千米。两大断裂规模大，切割深，属多期次活动的基底断裂。区内断裂构造发育，主要有北东、北北东和北西3组	江郎山的三爿石奇峰是该区丹霞地貌的典型代表。郎峰是三峰中最大的一座石峰，海拔8191米，被称为丹霞第一峰"；亚峰海拔7374米；灵峰海拔7650米。它们按川字形相帼相对而立极具特色。除此之外，较好发育的一线天、巷谷、峡谷以及大量内凹扁平状洞穴和槽龛等丹霞地貌	提名地位于浙江省江山市西南部，仙霞岭山脉北麓、浙、闽、赣三省交界处。核心景区面积8.30平方千米，缓冲区面积43.09平方千米；该区在气候上属中亚热带季风性湿润气候	自古以来，白居易、王安石、陆游、徐霞客等许多文人墨客到此游览观光，并写下了很多脍炙人口的赞美诗篇。现在，江山市正大力开发和完善该景区，希望达到国家级风景名胜区
湖南崀山	晚白垩纪	岩石中北北东向与北北西—南南东向网格状垂直节理极为发育，这些是构成崀山地区丹霞地貌的物质基础与空间条件。由于处于亚热带湿润气候区，降雨充沛，地表径流发育，流水侵蚀作用及其诱发的重力作用，是丹霞地貌形成的主要外营力条件	丹霞地貌类型多，共有60余处主要地质地貌景点，分别有条带式楔状、分割式块状、边坡式墙状、交切式线状、零散式柱状和拱状，以及嵌锁其间的凹槽、蜂孔罅等。其中以层叠成因的楔状地貌和突起其间的寨岩地貌显目	舜皇山非丹霞地貌区位于湖南省新宁县东南部；核心区面积9073.4平方米；年均降水量1360.6毫米。在中低山地貌，岩石为花岗岩，土壤为红壤、黄壤和山地草甸土	崀山丹霞地貌是中国丹霞地貌风景区中风度和品位最具代表性和最优美的景区。资新盆地是全国丹霞地貌风景区在地质历史上升降差异运动幅度最大、最强烈的红盆之一
江西龙虎山	晚白垩纪	武夷山脉北段北西侧。位于近东西向北海—绍兴缝合带和北东向婺源—宁都—安远断裂带交汇部位，近东西向的移坡山—黄塘夏家—羊角尖盆缘断裂，对信江盆地的发育和演化起着明显的控制作用。晚白垩纪末地壳隆升，使该区成为侵蚀区，在风化剥蚀、流水侵蚀等作用下形成现今各类丹霞地貌	龙虎山、象山、龟峰为发育在盆地边缘的冲洪积扇，物质构成总体为"岩屑砾岩"。有研究对三个扇体之间，沉积相逐渐由粗变细的特点，阐述了龙虎山和龟峰扇体沉积相在空间的分布特点。龙虎山红层的沉积物颗粒分选性差（有一定分选性），多为流纹岩角砾岩，其物源主要为盆地南侧侏罗纪火山碎屑岩，为近源快速堆积产物，扇顶物质粗粗，主要为砾石。扇中物质较细，主要为砂、砾，分选较差，随着水流搬运能力向边缘减弱，堆积物质逐渐变细，分选也较好，一般为沙、粉沙及亚黏土，冲积扇沉积组合	龙虎山—龟峰地区出露的丹霞洞穴在形态上主要有顺层岩槽、扁平洞穴、蜂窝状洞穴。其中，顺层发育的大型岩槽集中在泸溪河西岸集中分布，并是2000多年前古越族崖墓葬之地。而龟峰地区主要发育有蜂窝状洞穴和扁平洞穴	

地貌在不同的气候区表现出较大的差异，这一点与西南、东南区丹霞地貌特点也不相同。

（3）与现有世界自然遗产、国家地质公园中丹霞红层地貌地质遗迹的对比，如丹霞世界自然遗产和混合遗产分析表所示。

子遗植物对比

（1）赤水保留了大面积分布的珍稀古老子遗植物——桫椤，为现今北半球同纬度最大的桫椤分布区，在生物与地貌协同演化中具有特殊地位。

（2）赤水丹霞国家地质公园是我国桫椤天然集中分布区之一，现幸存有21459株桫椤，群落的组成成分为南亚热带沟谷雨林层次，最大的高达7.5米，地径达33厘米，整个桫椤种群幼体多，老年个体少。

（3）赤水丹霞国家地质公园因各景区所处的位置不同，结合各地的优势成分及其重要特征，公园桫椤群落主要包括3种类型：即以桫椤、野芭蕉、鸭脚罗伞为主的常绿阔叶林群落；以楠竹、杂竹桫椤的群落；溪边、林缘杂草桫椤群落。而公园主要以溪边、林缘杂草桫椤群落为主，约占整个公园桫椤分布面积的60%，海拔在240～900米均有分布，生存环境内湿热条件充足，散射光较强，非常适合桫椤生长，分布也较密集。这也决定了该公园桫椤分布的特征及所处的特殊的地位。

赤水的未来

这是一个因为长征途中一次著名战役而闻名天下的地方,走进中国改革开放的历史新时期,特别是西部大开发战略实施以来,一个自然生态良好、旅游资源丰富、红色文化底蕴深厚,经济发展势头强劲的赤水更多地出现在了人们的视野中。赤水有大美,藏在深闺人渐识,不久的将来赤水必将成为一个世人瞩目的旅游胜地。

赤水市地处贵州遵义西北部,位于赤水河中下游,三面环四川,一面与贵州省习水县接壤,是出黔入川的重要门户,素有"黔北明珠"之美誉,1990年经国务院批准撤县建市,全市行政区域面积1801.2平方千米,辖9镇5乡3个街道办事处,总人口30.5万,其中城镇人口10余万,城市化率达37.6%。

赤水是传统革命老区,因历史上中国工农红军"四渡赤水"而名扬中外,造就了这块价值亿金的品牌,市内森林葱郁,沟壑纵横,山川秀美,风光旖旎,是"国家级重点风景名胜区"、"全国生态

◀ 桫椤原生林
▼ 山川秀美,生态良好

建设示范地区"、"全国园林绿化先进城市"和"全国水土保持示范县市",被中外专家誉为"千瀑之市"、"竹子之乡"、"桫椤王国"、"丹霞之冠"和"长征遗址",全市现有森林面积198万亩,森林覆盖率高达70%(2000年经权威机构调查认证为64.7%,2001~2005年来全市又新造竹林面积50余万亩),是一个年轻而充满魅力的新兴旅游城市。

近年来,赤水市委、市政府坚持以经济建设为中心,以加快发展为主题,在不断深化市情特点认识的基础上,逐步探索确立了"两业(竹业强市、旅游兴市)一城(创建全国优秀旅游卫生城市)一市(建设贵州省经济强县市)的发展道路,着力推进产权制度改革、产业结构调整、招商引资、经济发展环境治理四大突破,全市国民经济和社会发展取得较好成绩。特别是1998年以来,全市生产总值每年以14%以上的速度递增,财政收入每年以13%以上的速度递增,于2001年跨入贵州省20个经济强县(市)行列。2005年,全市生产总值完成187943万元,同比增长14.2%;财政总收入完成16088万元,同比增长24.68%,其中地方一般预算收入完成9450万元,同比增长13.03%;农业总产值完成89043万元,同比增长9.84%;市属规模工业增加值完成14932万元,同比增长24%;全社会固定资产投资完成14.6亿元,同比增长19.7%;社会消费品零售总额完成38656万元,同比增长13%;农民人均纯收入达2512元,同比增长8.66%;竹业总产值达9.5亿元,生态旅游综合收入达2.65亿元,金融机构各项存款余额达26亿元。

赤水的未来会如何发展,赤水人民在十二五期间发展规划中给出了答案。

一、总体目标

坚持走"生态立市、旅游兴市、竹业强市"战略,强力推进新型工业化、农业现代化、旅游产业化、城乡一体化,努力建设富裕文明和谐幸福的新型生态经济强市,到2015年,努力把赤水建成中国西部地区最大的竹业循环经济基地,全国最大的金钗石斛产业基地,贵州省西北部主要的油气化工基地,贵州省特色农产品加工基地,重点打造国家级自然生态、红色文化旅游目的地和休闲度假胜地。力争经济总量实现四年翻一番,主要经济指标增速高于全省、遵义市平均水平。

积极融入黔中经济区和成渝经济区发展,努力建设成渝经济区配套产业重要基地、川渝黔结合部现代物流重要节点。

二、主要指标

宏观经济:全市地区生产总值年均增长17%以上,到2015年,达到70亿元以上,力争增长20%以上,达到80亿元。财政总收入和地方财政收入年均增长22%以上;全社会固定资产投资年均增长35%以上,力争达40%以上;实现招商引资到位资金年均增长50%以上;社会消费品零售总额年均增长20%以上;新增城镇就业1.3万人以上,城镇登记失业率控制在4%以内;保持价格总水平基本稳定。

产业结构调整：到2015年，三次产业结构调整为12:49:39，非公有制经济占全市生产总值的比重达到55%左右；第三产业从业人员比重提高到40%以上；高技术产业增加值占生产总值的比重达到3%以上。

城乡区域协调发展：新增转移农村富余劳动力2.8万人以上，城镇化水平每年提高2个百分点以上，期末达到52%以上。

生态建设和环境保护：到2015年，全市森林覆盖率达到78%以上；单位生产总值能耗、单位生产总值二氧化硫等主要污染物排放量控制在省、遵义市控制指标以内。

社会保障和公共服务：高中阶段毛入学率年均提高3.5个百分点，中等职业教育在校生达到1000人以上，成人教育和其他培训人数年均达到1200人以上。科技研发投入占生产总值比重提高到2%以上。全市各项社会保险参保人数达到56万人次左右。人民群众安全感达到并保持在90%以上。

改善城乡人民生活：人口自然增长率控制在6.5‰以内，城镇居民人均可支配收入和农民人均纯收入年均增长13%以上，三分之二以上的农户达到小康生活水平，基本解决现有农村贫困人口的温饱问题，基本实现城镇各类人员人人享有基本社会保障，建立健全城乡特困群众社会救助体系。

有了宏伟的目标，相信在赤水人的努力拼搏下，赤水的明天会更美好！

▲ 2010年10月赤水市荣获"最佳国际休闲旅游城市"称号

旅游资讯

行住吃游购娱

行

赤水市位于贵州省西北部,与四川省南部接壤,历为川黔边贸纽带、经济文化重镇,是黔北通往巴蜀的重要门户。目前,全市境内基本实现了村村通公路目标。形成了"两横(官葫路、赤长路)两纵(赤习线、马合公路)三连线(两箴路、宝大路、四两路)"的网络公路骨架,是黔川渝毗邻地区的物资集散地和贵州实施"北上"战略的一个重要窗口。

外部交通

航空交通

目前,距离赤水市较近的机场分别有川南泸州机场、重庆江北国际机场、成都双流机场、贵阳龙洞堡机场等,赤水距川南泸州机场仅70千米,2小时即可到赤水。泸州兰田机场开通了北京、广州、昆明、贵阳等地的航线,转乘汽车经泸州至赤水,交通便利。

公路交通

赤水距重庆240千米,距遵义300千米,距贵阳450千米,每天均有数班车往返于重庆、贵阳、遵义、泸州等城市。其中,贵阳长途汽车总站(延安西路32号)每天8:00、14:00、17:00有班车去赤水。省道301从南东入境,经境内元厚、葫市、丙安、复兴等镇,从中部穿境而过。省道208从境内北东官渡、长期、长沙通过,这两条主干公路贯通了区内主要乡镇。其他县乡公路通向园区的各个景区,交通便利。2013年年底建成通车的遵泸(遵赤)高速公路,将使得公园沟通西南成都、贵阳、重庆更加便捷。

铁路

可乘火车至四川省内江市隆昌县火车站,转乘汽车经泸州至赤水。

水路交通

赤水河干流常年可通航客货轮,由市区可达四

川合江、重庆、汉口等地，赤水港是贵州第一大港。桐赤、马合干线公路经市中部和北部，东南至习水、遵义、桐梓，西通四川合江、泸州。

内部交通

公园大同—丙安园区四洞沟景区及杨家岩景区的内部道路交通建设完善，丙安景区自丙安古镇分别通往丹霞石柱（三尊佛）—孑遗植物桫椤、天生桥（丹霞石拱）景点的道路还未建设。而两河口—元厚园区，需硬化自盘龙瀑布群至狮子岩景区门区的道路，另外，景区内串联各景点的主要游步道还未建设，桂圆林也没有建设相关的游步道。

住

市内有宾馆、旅社两百余家，2000年，赤水宾馆、赤天化宾馆、赤水源宾馆、赤水大酒家、白天鹅宾馆、红盾酒楼、锦绣宾馆、邮政宾馆、电信宾馆、赤水饭店等10家宾馆饭店为旅游定点接待单位。中悦大酒店位于赤水市商业中心地带，周边交通便利，商业繁荣，是来赤水洽谈商务、承办会议、度假及休闲旅游的最佳选择。

中悦大酒店是赤水规模最大、档次最高、设备最齐全的酒店，目前唯一一家通过省旅游局验收，全国旅游星级饭店评定委员会授牌的四星级旅游饭店。集会议、客房、餐饮、娱乐、休闲健身为一体的高星级豪华酒店。中悦大酒店商务中心，为宾客提供旅游咨询、邮寄、传真、复印、打字、票务代办等配套服务。

赤水宾馆饭店推荐

赤水欧风·河岸酒店	赤水市河滨东路东门码头
中悦大酒店	赤水市南正街22号
嘉联宾馆	赤水人民南路运管大厦
赤水金竹大酒店	赤水市文华办财神沱
赤水速8酒店	赤水市河滨西路竹海苑1-8号楼
锦绣宾馆	赤水市中区东效路30号
赤天化宾馆	赤水市化工路东皇坡（近金华大道）
赤水源宾馆	赤水市人民北路18号
赤水电力宾馆	赤水市复兴镇凯旋村秦家湾
赤水广源宾馆	赤水市人民西路客运站入口
航道宾馆	赤水市东门码头
邮政宾馆	赤水市人民南路
赤水大酒店	赤水市西内环路
怡然酒店	赤水市西内环路
赤水玉宇宾馆	赤水市市中心
黔北宾馆	赤水市太平东路五星街口
白云宾馆	赤水市人民北路
金龙宾馆	赤水市人民北路
赤水之星宾馆	赤水市汽车客运站附近
竹乡人家	赤水市向阳路口
城市间商务宾馆	赤水市府路1号（赤水市政府南侧）
九洲宾馆	泸州市合江县九支镇九支桥头
罗曼假日酒店	泸州市合江县九支镇
安溪大酒店	泸州市合江县平安路
永富宾馆	泸州市合江县
滨河大酒店	泸州市合江县九支镇
金虹宾馆	泸州市合江县九支安溪街
永宏商务酒店	泸州市合江县九支商业中心
钓鱼台宾馆	泸州市合江县九支镇
加州宾馆	泸州市合江县九支镇

吃

民以食为天。饮食已经上升到了文化的层面，成为了地域文化的另一种诗意表达。赤水菜，属巴蜀文化和黔北文化的揉合范畴。豆花儿、猪儿粑、烤鱼、烧烤、汤圆等风味独特、品种繁多的名小吃，与"乡土酒水筵、熊猫竹笋筵、恐龙桫椤筵、赤水河鲜鱼筵、丹霞野菜荤素筵"构成赤水六大名饮食系列。给人以民风、民俗的遐思和追念，展示出赤水地域饮食文化的奇异风采。

丹霞野菜荤素筵

赤水自然生态极好，特殊的丹霞地貌环境孕育不同凡响的菜肴，植被覆盖率极佳，盛产上万种可食用的野菜和野生草本植物，是有名的保健菜肴，与生态畜禽食品构成野菜荤素筵，自成筵席极品，备受都市人喜爱。

野菜：主要品种除竹笋菜肴系列外，还有黄花菜、灰灰菜、苦玛菜、剪刀菜、鱼腥菜、野葱、洋荷、刷把菌、大脚菇、三瓣菇、鸡丝菌、牛肚菌等上百种；素食者或养生者，可将之单列或成筵自品自食、待宾迎客。

畜禽菜：野香猪、野羊、野兔、泽蛙、沼蛙等数十种，以及人工圈养的生态家畜，可自成一筵，也可与野菜系列搭配，共成野菜荤素筵。

家家乐：赤水地道农户待客佳肴名筵。农家乐菜肴品种众多，数量不限，场合不限，方式不限，以农户家常菜品为主，品感好，朴素，地道，不讲色、形，只求实惠和香、味，以蒸、煮、炖、煲为擅长，制作粗放简化，主菜品有筒筒饭、筒筒笋、老腊肉、豆花儿等，给都市人返朴归真、居处山乡的亲切感，深受游人喜爱，老少皆宜，众口皆适，卖点很好。

全猪汤：赤水人称杀猪或杀年猪时宴请宾朋的筵席叫"全猪汤"。全猪汤原料需全部选自宰杀

129

肥猪的每一个部分，猪的头、耳、尾、腿、肠、血等都应配齐，佐之时鲜蔬菜烹制成席。吃全猪汤前有祭祀、文娱等活动，热闹异常。席后客人告辞，主人还割几斤猪肉馈赠，让客人未曾赴筵的家人尝鲜，人情味儿溢于言表。

八宝娃娃鱼

江河湖塘的淡水鱼，汪洋大海的咸水鱼，早已为人们所熟知和喜爱。从孟夫子的"鱼我所欲也"到范仲淹的"但爱鲈鱼美"，有多少文人骚客赞美过鱼。但是当人们品尝了贵州赤水名菜八宝娃娃鱼后，一定会觉得更加不虚此行了。

黔味名菜八宝娃娃鱼，历史悠久。100多年前，贵阳人王仁斋，经常加多种配料制娃娃鱼，久之其技法甚精，颇有名气，当时人们都称为"王狗鱼"。烹制八宝娃娃鱼，大致要经宰杀、装盘、蒸熟等几个主要步骤。杀娃娃鱼可采用剖杀、宰杀和烫杀等几种方法，其中以烫杀去最为独特：即把娃娃鱼置于木桶中，将沸水倒入并迅速盖上盖子，使它在桶内不断挣扎，自行挣净全身黏液致死，然后剖腹洗争待用。这种杀法不仅能去净黏液，而且鱼血未放出，其肉味更鲜美。将杀好的鱼砍成块，与火腿、鸡片、金钩、玉兰片、冬菇、竹荪、大蒜、鳐柱等八种配料（谓之"八宝"）一起入油锅爆炒后拼摆于瓷盘中，加高汤上笼锅蒸透，出笼时撒上胡椒面、淋上麻油，即成名闻遐迩的八宝娃娃鱼。此菜美，汤汁清澈，洁若山泉；"八宝"排列，形以花瓣，令人赏心悦目。此菜香，郁香、清香兼而有之，其异香实难言状。开笼出菜，香气四溢，一客食之，满座皆香！此菜鲜，鱼鲜、配料鲜，汤汁更鲜，盖因娃娃鱼鲜而一鲜百鲜。此菜嫩，嫩似豆腐而强于豆腐，嫩似蛋羹而胜于蛋羹！此菜营养丰富，脂肪、蛋白质、矿物质、维生素、碳水化合物皆有之。此菜只应天上有，人间哪得几回尝！

赤水河鲜鱼筵

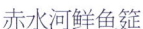

赤水河水质甘甜，含有多种有利于人类和动物

所需的微量元素，极适宜鱼类繁衍生长，盛产45种优质鱼类。主要优良品种有赤河鲤、青鱼、花鲢、鳙鱼、红翘、青鲅、黄腊丁等等，每种鱼均可单独成菜，也可精心烹制出数十道菜肴而成筵席。赤水河鲜鱼清香诱人，质地细嫩，有滋补功效，属难得的上乘绿色环保菜肴。

赤水河鲜鱼筵通常由"鳙鱼、鲢鱼、草鱼、青鱼"等四种优质鱼构成，有"四大家鱼筵"之雅称。这"四大家鱼"恰好就是赤水河鲜鱼筵的主打品牌，仅这四大品牌就可烹制出名目繁多的数十种菜肴而自成鱼筵。鱼食品对婴幼儿、老弱病残者有难得的滋补药效，备受世人青睐；鱼筵更不消说，深得众人欢迎，乐食不疲。

赤水豆花面

赤水豆花面：采用宽面条（水面）原料，将面条煮熟盛入豆浆碗中，用备好的豆花覆盖其上。食者将豆花和面条蘸佐料（佐料以辣椒、肉臊为主，兼少量鸡丁、麻油、姜、葱、蒜、鱼香菜、花椒），食之味美可口。

赤水风味小吃筵

风味小吃系列按习俗一般多用于早膳、打间和宵夜，有时与筵席搭配也可成正餐。赤水风味小吃有数百种之多，深受男女老幼的喜爱，自成赤水美食中的一枝奇葩。按制作原料划分，有牲畜禽鸟类、粮食类、果蔬类、鱼类等；按类别划分，有汤圆类、糕点类、面食类、蒸烤类、凉菜类、火锅类、烹炸类

等等，按种属序列划分则多不胜数、品名繁多。同样，按小吃市场划分，有早市、中市、夜市三类，按时间种属则有早点和夜宵之分。赤水风味小吃，时段不同，特色迥异，其中尤以夜宵为典型。但无论怎样，根据个人口味和需要，可自己一人独享，也可几个、十几个人围坐一桌饱食几十种风味小吃构成的风味小吃筵，感觉不亚于大餐大宴。

烧烤：赤水烧烤多置于夜晚，以东门码头、转盘、康佳、市中区等为闹市，花样翻新，品种众多，烤鱼、烤全羊、烤香肠、烤藕片等，数不胜数。此外，大街小巷也易见。烧烤所在，炊烟萦绕，香气扑鼻，诱人垂涎；邀朋约友团聚一桌饱食者，屡见不鲜。

早点：赤水早点名目多样，色香味俱全，尤以面食为最。面食有辣壳面、肠碎面、豆花儿面、大肉面、三鲜面、脆馅面、刀削面等数十种，口味咸淡兼宜，众口可调。喝上一碗豆浆，吃几块油糍块；吃一碗豆花儿面，尝一块大肉，品一小碟泡娃儿菜都能给人清心爽腹、食后余香的快感。

游

赤水市，素有"黔北门户""黔北明珠"之称。以红军长征途中"四渡赤水"而闻名。景观以瀑布、竹海、桫椤、丹霞地貌、原始森林为其主要特色，兼有长征历史文化、文物古迹。故有"千瀑之市"，"竹子之乡"，"桫椤王国"，"丹霞之冠"的美誉。

一、省际旅游线路

重庆—合江—九支—赤水

成都—内江—泸州—赤水

二、省内旅游线路

贵阳—遵义—娄山关—赤水

贵阳—遵义—竹海—赤水—四洞沟—杨家岩—五柱峰

三、市内旅游线路

1.赤水—杨家岩—四洞沟一日游

【上午】乘车至杨家岩景区，途中车观千鹤岛，赏竹乡飞鹤。游览国家重点风景名胜、赤水丹霞申报世界自然遗产景区——杨家岩景区，观碧血丹霞奇观——天成壁画石雕；体会桫椤戏泉水，竹海映丹霞的神韵；在观音沟游一线天、高山流水、攀岩瀑、大佛瀑、织女瀑等。在"逮鱼场"戏竹泉水、与野生鱼类亲密接触，参加逮鱼活动；赏国家一级保护珍稀植物小金花茶，水生天然植物盆景；呼吸山野清新空气，有健身洗肺功效。

【下午】游览"万竹之园，小家碧玉"的四洞沟仙景：漫步竹海，穿水帘洞，驾竹筏，赏月亮潭，飞蛙岩，白龙潭瀑布。赠送游览川盐北上古码头——大同古镇，走石板街、观古建筑、赏黔北文化遗迹。

2.赤水—十丈洞—燕子岩一日游

【上午】车观红军风溪渡口，赴十丈洞景区：游气势恢弘的赤水大瀑布，瀑布高76米、宽80米，感受"佛光环"随行人移动，一人一环的奇妙，赏被称为"美人梳"的中洞瀑布；

【下午】游燕子岩国家原始森林公园，领略"惊、奇、险、秀、幽"的独特景观，体会"生命之源，生命之根"的奇妙。

3.赤水—侏罗纪公园—竹海—五柱峰一日游

【上午】乘车至金沙，途中车观神秘古堡丙安古镇：吊脚楼、红军渡。游览中国侏罗纪公园，穿越时空遂道，走进侏罗纪，观2亿年前恐龙生活伴侣——桫椤，寻美丽家园，品热带雨林风光的韵味，赏甘沟秀色。游竹海国家森林公园，赏碧波万顷的翠竹，漫步竹海登观海楼，体会竹涛阵阵、碧波涟漪、景色清新、淡雅、令人心旷神怡之感觉；感受天罗地鼓的神奇。

【下午】游览五柱峰景区，观气势磅礴的——佛光岩，体验新、奇、险、秀、幽、野六大特色为一体的神韵。

4.二日游

【第一日】早餐后车观四渡赤水复兴场战役遗址，游赤水大瀑布景区（神州丹霞第一瀑——赤水大瀑布）雄姿，感受"佛光环"一人一环的奇妙，赏中国帘状瀑布代表中洞瀑布的秀美；下午游览燕子岩原始森林公园，领略"惊、奇、险、秀、幽"的自然景观，体会"生命之源、生命之根"的奇妙。

【第二日】早餐后游览素有"小家碧玉、万竹之园"美誉的四洞沟景区，穿水帘、驾竹筏、寻幽静、赏月亮潭、飞蛙岩、白龙潭瀑布，参观大同古镇结束愉快旅程。

5.三日游

【第一日】中餐后游览国家重点风景名胜区——四洞沟景区：水帘洞瀑布、月亮潭瀑布、飞蛙崖瀑布、白龙潭瀑布，尽享清凉世界。一路上可观看国家濒危珍稀保护植物、具有活化石之称的桫椤，品赤水特色风味餐——"熊猫餐"，游览大同古镇，感受由古街、古码头、古井、古街房、古民居、古庙宇、古会馆、古碑、古牌坊等组成的百年古镇，感受黔北民俗文化。

【第二日】早餐后乘车经复兴场战斗遗址、风溪口红军渡赴赤水大瀑布景区，游览气势恢弘的中

国丹霞第一大瀑布——赤水大瀑布，观赏赤水大瀑布、迎宾瀑布、中洞帘状瀑布、丹霞赤壁。下午游燕子岩国家森林公园：观绿波万顷的竹林风貌，品甘甜的长寿泉，欣赏酷似玉女圣物的生命之源，穿越燕子岩瀑布，沿途可以欣赏剔透如玛瑙，绚丽如画的赤水丹霞地貌。

【第三日】早餐后，游览丙安古镇，川盐入黔及黔酒入川的古水路和具有四百年历史的窑寨吊角楼古驿道、古寨门、古石板街、感受古朴的气息；游览被称为"世界丹霞之冠"、"世界丹霞第一园"之美誉的五柱峰景区，景区佛光岩高约300多米，宽800余米，呈半弧形伸展，一条288米的银色瀑布从中奔腾而下，壮观无比；佛光岩峰顶的世外桃源突见田舍炊烟，鸡犬相闻，小桥流水，让人乐不思返，是不可多得的精品自然生态旅游风景区。

四、过境及周边地区旅游线路组合

赤水位于贵州省西北部，北接川南，东邻重庆，是黔北通往巴蜀的重要门户。赤水风景名胜区是国务院唯一以行政区名称命名的国家级风景名胜区。对周边旅游线路可以分析为以下几条：

成都—泸州—赤水

重庆（长江三峡）—江津—白沙—赤水

贵阳—遵义—习水—赤水

购

赤水竹食品原材料十分丰富,在市境内绵延数千里生长,植物类有竹荪、冬笋、绵竹笋、水竹笋、箐竹笋等数十个品种,竹禽珍品有竹鸡、竹鼠、竹猴三儿、竹燕窝等,再加上人工二次加工的鲜品和干货,就有数百种之多。可供全国各地游客尽情选购。

竹荪

竹荪是世界上最珍贵的食用菌之一,早在古代即为南方官吏呈送历代皇帝的贡品。被誉为"真菌皇后"、"真菌之花"、"山珍之王"。在所有的竹荪种类中,只有野生于黔西北山区的织金竹荪气息清香、味道鲜美、脆嫩爽口,品质大大优于其他品种其他产地的竹荪。竹荪具有极高的营养和滋补作用,可以防治多种疾病,还具有显著减肥强身的作用,因而成为国内外市场上中国竹荪的主销品种。因此2000年8月中国食用菌协会潘遥会长亲笔为织金县提名为"中国竹荪之乡"。

竹荪作为菜肴,具有一种独特的无可比拟的清鲜风味。其质地脆嫩疏松,能够饱吸鲜汤叶,使味道愈见鲜美而爽口。竹荪适宜于烧、炒、焖、扒、酿、烩、涮等多种烹饪方法,宜荤宜素,总能保持松脆鲜美特色。还可以单食,如"清汤竹荪"、"红焖竹荪",又可搭配荤料,如闽菜"竹荪响螺汤"、粤菜"竹荪扒凤燕"、黔菜"荪心肉馅汤"、桂菜"玻璃鸡片竹荪"等;还可与素菜搭配,如"芥兰余竹荪"、"龙井竹荪汤"、"口磨竹荪汤"。广东的"鼎湖上菜"必须有竹荪,而"竹荪银耳"是贵州名菜,"竹荪汽锅鸡"在云南视为大补之品。

赤水乌骨鸡

赤水乌骨鸡(又名赤水竹乡乌骨鸡)是在贵州省赤水市特殊地理环境和自然资源条件下,经过人民群众长期培育繁衍而成的一个遗传基础丰富、性状较为稳定的地方特色家禽品种。

赤水乌骨鸡体形较大，单冠平头，胸宽体深，背腰平长，腿脚较高，身体结构匀称。羽色以黑色和黑红色为主，杂色次之，白色较少。黑羽母鸡多为纯黑色，黑羽公鸡的颈部、背部和镰羽多带红色羽丝，尾部羽毛油黑带墨绿色光泽。喙、冠、肉垂、耳叶、胫、爪均为乌黑色，皮乌、骨乌。部分鸡的肌肉、内脏膜和腹脂膜也为乌黑色。

赤水乌骨鸡生活力强，肉质鲜嫩，营养丰富，具有明显的抗疲劳、提高耐缺氧、抗衰老和提高免疫力的功能。

赤水金钗石斛

赤水金钗石斛因其茎杆两头细小，中间粗壮，色金黄，其茎状形如古代人们用来绾住头发的"黄金发簪"首饰，半月形，所以用"金钗"命名，冠以"赤水"地名，称为赤水金钗石斛。

金钗石斛生长环境要求苛刻，要在特殊的地理环境才能种植，喜温暖湿润气候，宜土质含钾量高，保肥保水能力强的地方才能生长。

赤水金钗石斛因有近200年历史，加之独有的石斛碱含量，是石斛中精品，成为现在金钗石斛药源库，有"人间仙草"之美称。赤水金钗石斛对益胃生津、滋阴清热、生津止渴、健胃、清肝、明目、调节血脂、降血糖等。对心脑血管、消化系统和呼吸系统、眼科等有特殊功效。2006年3月，国家质检总局批准对赤水金钗石斛实施地理标志产品保护。

赤水晒醋

赤水晒醋有180多年的生产历史，古代即已声名远播，享誉千家万户，今又多次通过省级、部级质量审评，获"中国名醋"的殊荣。

赤水晒醋一直保持传统工艺生产，采用固体发酵繁殖产生天然醋酸菌。醋坯和成品醋均经日光曝晒，故称'晒醋'。原料以麸皮为主，配以数十种中草药酿制。成醋要经过一个热季才能基本成熟，经两三个热季的产品最佳,赤水晒醋具有色、香、酸、醇、浓等特点,色呈红棕,味酸柔和,稍有甜口,不涩口,不霉变,香气浓郁,是家居食用和馈赠亲友的上乘食品和礼品。

猪儿粑

赤水猪儿粑是用糯米面做皮儿,以猪肉、豆腐干、榨菜等剁碎作馅,经高温蒸熟即可食用。因其蒸熟后呈椭圆状,通体洁白晶莹,酷似一头头可爱的小猪而得名。吃上一口,先尝到的是糯米的绵软清香,继而感受到馅的混合美味,咀嚼起来绵软清脆,香气四溢。到赤水来旅游的游客,走时都要带一大包,可谓既饱了眼福又饱了口福。

赤水玉兰片

赤水玉兰片以优质楠竹笋加工而成,其色泽蜡黄、半透明,形状似玉兰花的花瓣,因此得名"玉兰片"。

玉兰片根据竹笋生长和加工季节的不同,可分为"宝尖"、"冬片"、"桃片"、"春花"四个种类。含有蛋白质、维生素、粗纤维、碳水化合物以及钙、磷、铁、糖等多种营养物质。

"宝尖"是用"立春"前含苞笋制成,片平滑尖圆,色黄白,肉细嫩,是玉兰片中的上品。它丰腴肥美,柔弱微脆,形似宝塔,又像龙角,所以又有"金色宝塔"、"龙角"之称。"冬片"是用"雨水"前的冬笋制成,形状呈对开片,片平光滑,色白、片厚、肉细嫩,节距紧密。"桃片"是由"惊蛰"前未出土的竹笋制成,片面光洁,节距较密,根部刨尖,肉质稍薄,尚嫩,味较鲜。"春花"是以"春分"至"清明"之间的春笋制成,节距较疏,节楞凸起,笋肉薄,质较老。这四个品种各具特色,制作工艺都很讲究。如果按玉兰片质量区分,"宝尖"最佳,"冬片"次之,"桃片"第三,"春花"为下。

虫茶

虫茶，学名"珠茶"，赤水特产，茶中极品，产量很少，价格昂贵。

赤水人把野生白茶嫩叶采摘加工自然发酵，招引一种名叫"化香夜蛾"的昆虫繁殖幼虫，幼虫喜食酵叶后排泄一粒粒比油茶籽小的虫屎，人们把这种经过生物加工的虫屎收集凉晒便成了香醇的赤水虫茶。

赤水虫茶含有多酸类、维生素、氨基酸、碱等物质，饮之味美可口、沁人肺腑、神爽目清，具有提神益思，清热解毒、养胃健脾、顺气解表、降低血压、帮助消化等功能。

赤水竹工艺品

赤水竹工艺品生产历史悠久品种门类多样，工艺水平较高。主要竹工艺品有竹编、竹雕、皮雕、浮雕、根雕、透雕、漆饰等。

赤水竹工艺品主要以楠竹为原料，车削成型，精工烘烤、绘制、雕刻或编织山水、虫鱼、花草、人物、禽兽等各种图画，上漆或原色而成，具有浓厚的地方和民族特色，是精美的工艺品。

竹雕主要以楠竹根、茎为材料，种类有皮雕浮雕等，雕刻手法有传统和现代之分。

赤水高山腊肉

赤水的高山腊肉，用农家自养猪肉腌制而成，挂在烧柴草的灶台上，长期烟薰火燎，或者煮筒筒笋，或者炒成回锅肉，一块块腊肉晶莹透亮，不由得让人食欲大增，一口下去，香而不腻，油而不亮，那种特殊的香味让你无法忘怀。此等腊肉，以赤水高山之上所出最为有味，赤水本地人，也以吃上一顿真正的高山腊肉为美事。

娱

四洞沟景区"苗寨",具有地域苗族民族特色的民族歌舞表演和篝火晚会"烤全羊"很受游客的欢迎。还可以去欣赏秀丽的山乡美景,吃可口的农家饭菜,桥头烧烤、垂钓,亲身体验一下"世外桃园"。

踩山节

踩山节是市内苗族人民最传统、最降重的主要节日,也是苗族先民留下来的传统文化。该踩山节地点在大同镇民族村大石盘的踩山坝上,活动时间是每年农历正月初二至初六,其活动主要有三个程序:一、立登杆(也称立花杆)。立登杆也有一定的规定,登杆多以苦竹为主,至于用苦竹规格由会首进行选择,一般是正月初二清晨由会首上山选较大而无弯曲去叶不去枝的苦竹。选好苦竹后,及时扛回,设香案敬奉祷告一番,然后才扛到踩山坝的中央。立登杆时,杆的顶端用块小椒塔成一个三角形顶蓬,蓬下点着一盏油灯,灯的下半部系着各种不同颜色的彩线,随后,才将灯登杆竖于事先已确定的踩山坝中央的某个位置。立好后,会首(即主持人)将供奉的物品置于竹杆脚下,点燃香烛敬奉一番,以求保佑苗家人畜兴旺、村寨安宁,来年五谷丰登、家和人兴。二、歌舞表演(又称踩山芦笙表演),这是踩山节中组成的重要部份,更是节日活动最隆重、最热闹、最精彩的场面。正月初二这天早上,姑娘们早早起床,梳妆打扮,身着民族盛装,头戴数枚铜小钱缝成的帕乐,耳系银钏耳环,手戴银戒指,腕套手圈或各种手镯,脚穿轻便绣花鞋,邀约小伙子们一同前往。而小伙子们也忙得不亦乐乎,身穿民族盛装、脚穿草鞋、背上芦笙牛皮鼓、手拿竹箫、竹笛乐器后,同姑娘们一起欢声笑语地来到踩山坝。此时,会首宣布活动开始。倾刻间,苗族青年吹起芦笙、竹箫、竹笛、木叶,起舞奔放,姑娘们手拉着手,围着竹杆,跳起舞,与小伙子们对歌盘唱,互交情谊,未婚男女青年更是避开众人的耳目,互送礼物,共诉衷肠,亲切交谈,双方情投意合终成眷属,共享美好的未来;长辈们蹲石而坐,促膝谈心,论及生产,拉址家常;大嫂抱着小孩、婆婆领着孙子,人们带着笑容,三俩缓步前行,走到登杆前"捏榜"(手握竹杆)敬拜。

有的虔诚许愿，求神保佑，健康成长，有的从竹杆上解下彩线，给孩子系在头顶上（男左女右），以示少生病，身体安康。这一天，其他各族人们，身着盛装艳服，从四面八方赶来，聚集在踩山坝上，与苗族男女青年同欢共舞，纵情歌唱，共享欢乐的节日。三、例登杆（又称移交苦竹杆，此只是一种仪式，第二年则要另选苦竹杆），是以正月初二立登杆之日起，相隔三日（即正月初三、初四、初五）之后，就是正月初六。在初六清晨，由来年接管的会首，带上香烛、钱纸及酒肉到杆下烧钱化纸敬拜之后，才将苦竹杆取下运回家中，存放于房前屋后干净之处。第二年又上山另砍一根新的苦竹代之。登杆取走后，即宣布本年踩山节活动全部结束。

火星节

火星节又称"砍芭茅"，是苗族的主要节日。其活动时间是因各宗族的情况而异，如王、杨二姓是在每年农历九月十九日，熊、马、侯三姓是在每年农历八月二十七日。在火星节前夕，要先举行"露茅"活动，在正式举行活动的当天，需请苗族道士设案焚香，待一切就绪后，就到房屋的正前方选择一块适当的地方，然后把这个家族的人们喊来坐在这块土地上，道士祷告完毕，便举起事先备好的刺树，端着已做了法事的敬水碗，从容地绕着人群转三圈（以顺时针方向而转动），接着用五色线连成一条线，又走到人群中间，同样同方向转三圈，转动时要举起刺树，端起敬水碗。当三圈转完后，便抽出刀割断五色线，最后又举起刺树绕人群转同样多的圈数，于是才把刺树插在地上，在"芭茅"下转圈，此时转圈不计圈数，在转到一定圈数后，便用刀砍断芭茅，于是就可以看茅上吉凶情况。如吉利，就不做道场，可到此结束；若有凶，道士就要做道场，化凶为吉，以保平安，待这一完毕后，才结束。

旅游小贴示

交通：赤水城区较小，面积8平方千米，不到1小时就能绕赤水城区步行一圈，交通以出租车为主，一车3元，各处随到，十分方便。在赤水旅游还可以选择包车，一天200元左右。

门票：赤水大瀑布40元／人，四洞沟30元／人，五柱峰30元／人，杨家岩30元／人，中国侏罗纪公园25元／人，燕子岩国家森林公园25元／人，竹海国家森林公园25元／人，丙安古镇20元／人，大同古镇免费。

住宿：赤水市区住宿有各种档次的宾馆和家庭旅社，但一般靠马路有点吵，而靠山的要查看是不是潮湿。除了五一国庆之外，平时去住性价比都不错。

贵州民族每年固定的庆祝节日一览表

三月三	贵阳市及邻县布依族群众的民族传统节日。每年三月初三，贵阳及邻县布依族群众云集乌当新世界堡乡，或登台亮相放喉赛歌，或步入密林吹响木叶、相互对歌，或男女结伴沿溪而游、戏水欢歌，直到日落西山、月上树梢
四月八	贵州、湘西、桂北等地苗、布依、侗、壮、彝、土家、仡佬等少数民族的传统节日，传说是为了凭吊四月初八葬于现今喷水池一带的古代苗家英雄。各地节日内容不尽相同，规模最宏大、场面最为隆重、影响最为深远的是贵阳苗族的"四月八"庆祝活动。每年农历四月初八这天，贵阳市及邻县的苗族群众均身着民族盛装，云集贵阳市中心喷水池一带，吹着芦笙、箫笛，唱着山歌，跳起苗家舞蹈，欢度自己的传统节日
六月六	贵阳市布依族重要的传统节日。相传很久以前，一位美丽能干的布依族姑娘绣了一幅青山秀水宝图，魔王见到后前来抢夺。姑娘和众乡亲苦战七天七夜，直至六月初六，眼看宝图就要落入魔王之手，姑娘将宝图抛向空中，青山秀水图就变成了如今花溪的青山秀水，魔王被活活气死，化为一堆乱石沉入花溪河底。此后，人们为了纪念这位造就花溪秀美山川的布依姑娘，便于每年六月初六汇集于花溪河畔，载歌载舞，以表敬意
龙船节	台江、凯里、施秉、剑河等县的苗族传统节日。每年农历五月二十四日由施秉平寨开始，经过龙塘、榕山，于二十七日到达台江施洞，进行龙舟竞赛，同时有斗牛、赛马、踩鼓、跳芦笙等活动，参与者数以万计
牯脏节	苗族人民祭祀祖先、亲友团聚的传统节日，在秋后农闲时进行3天，十分隆重热烈。万众欢歌的芦笙会，祈愿吉祥幸福。吃肉，敬牛角酒，跳迎宾舞，青年男女讨花戴，谈情说爱，同时还有现代的各种文体活动
姊妹节	又称吃姊妹饭，流传在黔东南清水江畔的苗族传统节日。根据地区不同，分别于每年农历二月十五日或三月十五日举行。以台江县施洞最富特色，三月十五日清晨，家家户户都备好五彩糯米饭、传统佳肴及芳香四溢的自酿米酒，摆到一处宽敞的院坝里，盛情款待远道而来的客人们。第二天，主人和客人便走到野外或江边草地沙滩上，人山人海欢聚一堂，或对歌踩鼓，或观看斗牛、赛马、跳芦笙，青年男女三三俩俩邀约游玩，谈情说爱
查白歌节	黔西南布依族人民的传统节庆，于每年农历六月二十一日至二十三日在黔西南州府兴义市郊查白寨举行。规模宏大，吸引了云南、广西等地的少数民族群众参加，歌节聚众数以万计
侗年	侗族地区传统节日。榕江一带的侗寨于农历十月底至十一月初过侗年，年前家家户户打扫卫生，杀猪宰羊。过节时，男女老少身着盛装，跳芦笙、踩歌堂、斗牛，欢乐无比。锦屏一带则晚一个月，同样举行大规模娱乐活动，走亲访友，谈婚嫁娶等
侗乡灯节	锦屏一带侗乡的元宵灯会，以花灯、谜语著称。龙灯、花灯制作工艺讲究，造型栩栩如生，玩灯者一个村一个寨地走，龙灯队还要编唱龙灯歌；各种花灯配以谜语，吸引众多参与者

中国国家地质公园丛书编制出版编目
ZHONGGUO GUOJIA DIZHIGONGYUAN CONGSHU BIANZHI CHUBAN BIANMU

卷本编号	分册序号	国家地质公园名录	卷本编号	分册序号	国家地质公园名录
第一卷		北京卷	2	140	吉林长白山火山国家地质公园
1	025	北京石花洞国家地质公园	3	181	吉林乾安泥林国家地质公园
2	036	北京延庆硅化木国家地质公园	4	207	吉林抚松国家地质公园
3	062	北京十渡国家地质公园	第八卷		黑龙江卷
4	166	北京密云云蒙山国家地质公园	1	006	黑龙江五大连池火山地貌国家地质公园
5	175	北京平谷黄松峪国家地质公园	2	024	黑龙江嘉荫恐龙国家地质公园
第二卷		天津卷	3	083	黑龙江伊春花岗岩石林国家地质公园
1	019	天津蓟县国家地质公园	4	090	黑龙江镜泊湖国家地质公园
第三卷		河北卷	5	127	黑龙江兴凯湖国家地质公园
1	027	河北涞源白石山国家地质公园	6	179	黑龙江伊春小兴安岭国家地质公园
2	029	河北秦皇岛柳江国家地质公园	7	219	黑龙江凤凰山国家地质公园
3	032	河北阜平天生桥国家地质公园	第九卷		上海卷
4	069	河北赞皇嶂石岩国家地质公园	1	138	上海崇明岛国家地质公园
5	070	河北涞水野三坡国家地质公园	第十卷		江苏卷
6	100	河北临城国家地质公园	1	075	江苏苏州太湖西山国家地质公园
7	108	河北武安国家地质公园	2	121	江苏六合国家地质公园
8	165	河北兴隆国家地质公园	3	158	江苏江宁汤山方山国家地质公园
9	170	河北迁安-迁西国家地质公园	第十一卷		浙江卷
10	192	河北邢台峡谷群国家地质公园	1	026	浙江常山国家地质公园
11	206	河北承德国家地质公园	2	038	浙江临海国家地质公园
第四卷		山西卷	3	047	浙江雁荡山国家地质公园
1	030	黄河壶口瀑布国家地质公园	4	055	浙江新昌硅化木国家地质公园
2	120	山西五台山国家地质公园	第十二卷		安徽卷
3	133	山西壶关峡谷国家地质公园	1	012	安徽黄山国家地质公园
4	134	山西宁武冰洞国家地质公园	2	028	安徽齐云山国家地质公园
5	177	山西陵川王莽岭国家地质公园	3	035	安徽浮山国家地质公园
6	183	山西大同火山群国家地质公园	4	041	安徽淮南八公山国家地质公园
7	191	山西平顺天脊山国家地质公园	5	060	安徽祁门牯牛降国家地质公园
8	195	山西永和黄河蛇曲国家地质公园	6	089	安徽天柱山国家地质公园
第五卷		内蒙古卷	7	092	安徽大别山（六安）国家地质公园
1	014	内蒙古克什克腾国家地质公园	8	145	安徽池州九华山国家地质公园
2	066	内蒙古阿尔山国家地质公园	9	182	安徽凤阳韭山国家地质公园
3	122	内蒙古阿拉善沙漠国家地质公园	10	198	安徽广德太极洞国家地质公园
4	147	内蒙古二连浩特国家地质公园	11	200	安徽丫山国家地质公园
5	159	内蒙古宁城国家地质公园	第十三卷		福建卷
6	208	内蒙古巴彦淖尔国家地质公园	1	008	福建漳州滨海火山地貌国家地质公园
7	210	内蒙古鄂尔多斯国家地质公园	2	021	福建大金湖国家地质公园
第六卷		辽宁卷	3	058	福建晋江深沪湾国家地质公园
1	049	辽宁朝阳鸟化石国家地质公园	4	067	福建福鼎太姥山国家地质公园
2	125	大连滨海国家地质公园	5	078	福建宁化天鹅洞群国家地质公园
3	130	辽宁本溪国家地质公园	6	091	福建德化石牛山国家地质公园
4	137	大连冰峪沟国家地质公园	7	096	福建屏南白水洋国家地质公园
第七卷		吉林卷	8	103	福建永安国家地质公园
1	077	吉林靖宇火山矿泉群国家地质公园	9	149	福建连城冠豸山国家地质公园

卷本编号	分册序号	国家地质公园名录
10	167	福建白云山国家地质公园
11	194	福建平和灵通山国家地质公园
12	197	福建政和佛子山国家地质公园

第十四卷　江西卷

1	004	江西庐山第四纪冰川国家地质公园
2	011	江西龙虎山丹霞地貌国家地质公园
3	102	江西三清山国家地质公园
4	124	江西武功山国家地质公园

第十五卷　山东卷

1	018	山东山旺国家地质公园
2	034	山东枣庄熊耳山国家地质公园
3	079	山东东营黄河三角洲国家地质公园
4	086	山东泰山国家地质公园
5	101	山东沂蒙山国家地质公园
6	114	山东长山列岛国家地质公园
7	144	山东诸城恐龙国家地质公园
8	164	山东青州国家地质公园
9	185	山东莱阳白垩纪国家地质公园
10	202	山东沂源鲁山国家地质公园

第十六卷　河南卷

1	003	河南嵩山地层构造国家地质公园
2	022	河南焦作云台山国家地质公园
3	037	河南内乡宝天幔国家地质公园
4	045	河南王屋山国家地质公园
5	051	河南西峡伏牛山国家地质公园
6	054	河南嵖岈山国家地质公园
7	088	河南郑州黄河国家地质公园
8	099	河南关山国家地质公园
9	107	河南洛宁神灵寨国家地质公园
10	110	河南洛阳黛眉山国家地质公园
11	117	河南信阳金刚台国家地质公园
12	173	河南小秦岭国家地质公园
13	176	河南红旗渠—林虑山国家地质公园
14	211	河南汝阳恐龙国家地质公园
15	214	河南尧山国家地质公园

第十七卷　湖北卷

1	073	长江三峡国家地质公园（湖北）
2	104	湖北神农架国家地质公园
3	132	湖北木兰山国家地质公园
4	136	湖北郧县恐龙蛋化石群国家地质公园
5	143	湖北武当山国家地质公园
6	171	湖北黄冈大别山国家地质公园
7	203	湖北五峰国家地质公园
8	213	湖北咸宁九宫山—温泉国家地质公园

第十八卷　湖南卷

卷本编号	分册序号	国家地质公园名录
1	002	湖南张家界砂岩峰林国家地质公园
2	042	湖南郴州飞天山国家地质公园
3	043	湖南崀山国家地质公园
4	098	湖南凤凰国家地质公园
5	118	湖南古丈红石林国家地质公园
6	126	湖南酒埠江国家地质公园
7	154	湖南乌龙山国家地质公园
8	169	湖南湄江国家地质公园
9	196	湖南平江石牛寨国家地质公园
10	218	湖南浏阳大围山国家地质公园

第十九卷　广东卷

1	016	广东丹霞山国家地质公园
2	031	广东湛江湖光岩国家地质公园
3	081	广东佛山西樵山国家地质公园
4	085	广东阳春凌宵岩国家地质公园
5	093	广东深圳大鹏半岛国家地质公园
6	097	广东封开国家地质公园
7	135	广东恩平地热国家地质公园
8	168	广东阳山国家地质公园

第二十卷　广西卷

1	044	广西资源国家地质公园
2	050	广西百色乐业大石围天坑群国家地质公园
3	053	广西北海涸洲岛火山国家地质公园
4	106	广西凤山岩溶国家地质公园
5	123	广西鹿寨香桥岩溶国家地质公园
6	156	广西大化七百弄国家地质公园
7	163	广西桂平国家地质公园
8	189	广西宜州水上石林国家地质公园
9	199	广西浦北五皇山国家地质公园

第二十一卷　海南卷

1	074	海南海口石山火山群国家地质公园

第二十二卷　重庆卷

1	065	重庆武隆岩溶国家地质公园
2	073	长江三峡国家地质公园（重庆）
3	084	重庆黔江小南海国家地质公园
4	131	重庆云阳龙缸国家地质公园
5	160	重庆万盛国家地质公园
6	178	重庆綦江木化石—恐龙国家地质公园
7	209	重庆酉阳国家地质公园

第二十三卷　四川卷

1	007	四川自贡恐龙古生物国家地质公园
2	010	四川龙门山构造国家地质公园
3	017	四川海螺沟国家地质公园
4	020	四川大渡河峡谷国家地质公园
5	033	四川安县生物礁国家地质公园

中国国家地质公园丛书编制出版编目
ZHONGGUO GUOJIA DIZHIGONGYUAN CONGSHU BIANZHI CHUBAN BIANMU

卷本编号	分册序号	国家地质公园名录
6	046	四川九寨沟国家地质公园
7	048	四川黄龙国家地质公园
8	064	四川兴文石海国家地质公园 ■
9	094	四川射洪硅化木国家地质公园
10	095	四川四姑娘山国家地质公园
11	113	四川华蓥山国家地质公园
12	119	四川江油国家地质公园
13	152	四川大巴山国家地质公园
14	157	四川光雾山—诺水河国家地质公园
15	212	四川青川地震遗迹国家地质公园
16	216	四川绵竹清平—汉旺国家地质公园

第二十四卷　贵州卷

1	052	贵州关岭化石群国家地质公园
2	063	贵州兴义国家地质公园
3	080	贵州织金洞国家地质公园
4	082	贵州绥阳双河洞国家地质公园
5	115	贵州六盘水乌蒙山国家地质公园
6	128	贵州平塘国家地质公园
7	150	贵州黔东南苗岭国家地质公园
8	153	贵州思南乌江喀斯特国家地质公园 ■
9	204	贵州赤水丹霞国家地质公园 ■

第二十五卷　云南卷

1	001	云南石林岩溶峰林国家地质公园 ■
2	005	云南澄江动物群古生物国家地质公园
3	015	云南腾冲火山国家地质公园
4	056	云南禄丰恐龙国家地质公园
5	059	云南玉龙黎明—老君山国家地质公园
6	087	云南大理苍山国家地质公园
7	141	云南丽江玉龙雪山冰川国家地质公园
8	146	云南九乡峡谷洞穴国家地质公园
9	184	云南罗平生物群国家地质公园
10	188	云南泸西阿庐国家地质公园

第二十六卷　西藏卷

1	040	西藏易贡国家地质公园
2	129	西藏札达土林国家地质公园
3	161	西藏羊八井国家地质公园

第二十七卷　陕西卷

1	009	陕西翠华山山崩地质灾害国家地质公园

卷本编号	分册序号	国家地质公园名录
2	030	黄河壶口瀑布国家地质公园
3	039	陕西洛川黄土国家地质公园
4	111	陕西延川黄河蛇曲国家地质公园
5	162	陕西商南金丝峡国家地质公园
6	180	陕西岚皋南宫山国家地质公园
7	193	陕西柞水溶洞国家地质公园
8	215	陕西耀州照金丹霞国家地质公园

第二十八卷　甘肃卷

1	013	甘肃敦煌雅丹国家地质公园
2	023	甘肃刘家峡恐龙国家地质公园
3	061	甘肃景泰黄河石林国家地质公园
4	071	甘肃平凉崆峒山国家地质公园
5	155	甘肃和政古生物化石国家地质公园
6	172	甘肃天水麦积山国家地质公园
7	190	甘肃炳灵国家地质公园
8	201	甘肃张掖国家地质公园

第二十九卷　青海卷

1	068	青海尖扎坎布拉国家地质公园
2	105	青海久治年宝玉则国家地质公园
3	112	青海格尔木昆仑山国家地质公园
4	116	青海互助嘉定国家地质公园
5	174	青海贵德国家地质公园
6	205	青海青海湖国家地质公园
7	217	青海玛沁阿尼玛卿山国家地质公园

第三十卷　宁夏卷

1	076	宁夏西吉火石寨国家地质公园
2	151	宁夏灵武国家地质公园

第三十一卷　新疆卷

1	057	新疆布尔津喀纳斯湖国家地质公园
2	072	新疆奇台硅化木—恐龙国家地质公园
3	109	新疆富蕴可可托海国家地质公园
4	142	新疆天山天池国家地质公园
5	148	新疆库车大峡谷国家地质公园
6	186	新疆吐鲁番火焰山国家地质公园
7	187	新疆温宿盐丘国家地质公园

第三十二卷　香港卷

1	139	香港国家地质公园

注：① 《中国国家地质公园丛书》分册编目序号，按照国土资源部公布的各批国家地质公园名录顺序编列。该序号为该公园专用号；
② 《中国国家地质公园丛书》卷本编号按中国地图集各省(市、区)排序编列；
③ 本编目截至2011年12月30日国土资源部公布的第六批国家地质公园资格；
④ ■ 为已出版书目。